考拉旅行　乐游全球

重磅旅游图书
《台湾攻略》新装升级
一如既往带您畅游台湾

攻略 台湾

旅游行家亲历亲拍！
最美台湾热地大赏！

GUIDE

2019-2020
全彩升级版

《台湾攻略》编辑部 编著

华夏出版社
HUAXIA PUBLISHING HOUSE

目录 CONTENTS

台湾攻略

A 速度看台湾！	···013
B 速度去台湾！	···014
C 速度行台湾！	···016
D 速度玩台湾！	···017
E 速度买台湾！	···020
F 速度买台湾！	···022
G 速度买台湾！	···024
H 速度吃台湾！	···026

Part.1 台北碧潭 ···028

好玩
碧潭风景区	···030
乌来温泉	···031
乌来瀑布	···031
新店自行车道	···031
内洞森林游览区	···032
云仙乐园	···032
仙迹岩	···032

好吃
景美夜市	···033
阿华热炒店	···033
米粉汤	···033

Part.2 台北台湾大学 ···034

好玩
世界宗教博物馆	···036
台湾师范大学	···037
儿童交通博物馆	···037
台湾大学	···037

好买
永康街	···038
昭和町	···038
金石堂书店	···039
师大路夜市	···039
乐华夜市	···039

好吃
公馆夜市	···040
易牙居点心坊	···040
台一牛奶大王	···041
永康街高记	···041
鼎泰丰	···041

永康15	…041

Part.3 台北南门市场 …042

好玩

爱国东路婚纱街	…044
历史博物馆	…045
植物园	…045
台湾艺术教育馆	…045
杨英风美术馆	…046
长荣海事博物馆	…046
邮政博物馆	…046
台北宾馆	…047
"总统府"	…047
司法大厦	…047
济南教会	…048
台湾博物馆	…048
台大医院	…048

好吃

南门市场	…049
明星咖啡馆	…049

Part.4 台北中山 …050

好玩

光点台北	…052
霞海城隍庙	…053
台北当代艺术馆	…053

好买

中山北路名品街	…054
林田桶店	…054
迪化街	…055
永乐市场	…055

好吃

六条通	…056
京鼎楼	…056
宁夏路夜市	…057
欣叶餐厅	…057

Part.5 台北圆山 …058

好玩

台北市美术馆	…060
台北故事馆	…061
儿童游乐中心	…061
台北孔庙	…061
临济护国寺	…062
保安宫	…062
中山足球场	…063
林安泰古厝	…063

好吃

圆山大饭店	…064

Part.6 台北士林 …066

好玩

台北市天文科学教育馆	…068
张大千纪念馆	…069
台北故宫博物院	…069
至善园	…070
台湾科学教育馆	…070
林语堂故居	…070
芝山文化生态绿园	…071
顺益"原住民"博物馆	…071

好买

天母	…072
大叶高岛屋百货公司	…072

好吃

士林夜市	…073

Part.7 台北北投温泉 …074

好玩

照明净寺	…076
淡水红树林自然保护区	…077
慈生宫	…077
缘道观音庙	…078
阳明山公园	…078
北投温泉	…079
北投温泉博物馆	…079

Part.8 台北关渡 …080

好玩

关渡码头蓝色公路	…082
琉园水晶博物馆	…083
观音山	…083
关渡自然公园	…083
台北艺术大学	…084
关渡大桥	…084

十三行博物馆	…085
八仙海岸	…085
关渡宫	…085

Part.9 台北淡水 …086

好玩

淡水长老教会	…088
红毛城古迹保存区	…089
河堤公园	…089
沪尾炮台	…089
淡江中学	…089
淡江大学	…090
红楼	…090
真理大学	…090

好吃

淡水老街	…091
海边阿咘铁蛋本铺	…091

Part.10 台北府中 …092

好玩

林家花园	…094

435文艺特区	…095
接云寺	…095
慈惠宫	…095
台湾艺术大学	…096
大关义学	…096

好吃

南雅夜市	…097
黄石市场	…097

Part.11 台北龙山寺 …098

好玩

龙山寺	…100
艋舺公园	…101
西门町	…101
青山宫	…102
艋舺清水岩	…102
学海书院	…102
中山堂	…103
电影主题公园	…103
合作金库银行	…104
天后宫	…104
红楼剧场	…104

好买

环球购物中心	…105

远东百货公司	…105
诚品 116	…106
万年商业大楼	…106

好吃

华西街观光夜市	…107
广州街夜市	…107
龙都冰果专业家	…108
成都杨桃冰	…108
鸭肉扁	…109
杨记玉米冰	…109

Part.12 台北车站 …110

好玩

北门	…112
中山史迹纪念馆	…113
台湾故事馆	…113

好买

博爱路相机街	…114
NOVA计算机卖场	…114
重庆南路书店街	…115
统一元气馆	…115

Part.13 台北忠孝敦化 …116

好玩

市长官邸艺文沙龙	…118
华山创意文化园区	…119
树火纪念纸博物馆	…119

好买

新光华商场	…120
京华城购物广场	…120
微风广场	…121

太平洋SOGO百货	…121
茶街	…121
诚品书店	…122
忠孝敦化商圈	…122

好吃
安和路	…123
犁记饼店	…123
三四味屋	…123

Part.14 台北101大楼 …124

好玩
台北中山纪念馆	…126
台北探索馆	…127
台北101大楼及观景台	…127
台北信义威秀影城	…127

好买
台北101购物中心	…128
信义商圈	…128
新光三越信义新天地	…129
纽约&纽约展览购物中心	…129

Part.15 台北南港展览馆 …130

好玩
佛光缘美术馆	…132
虎山自然步道	…133
南港展览馆	…133
胡适公园	…133

好买
| 五分埔 | …134 |
| 南港软件园区商店街 | …134 |

好吃
| 饶河街观光夜市 | …135 |

Part.16 台北圆觉瀑布 …136

好玩
圆觉瀑布	…138
剑潭古寺	…139
大湖水景公园	…139
剑南路蝴蝶生态步道	…139
碧湖公园	…140
碧山岩	…140
美丽华百乐园	…141
美丽华百乐园摩天轮	…141

Part.17 台北南京东路 …142

好玩
台北小巨蛋体育馆	…144
行天宫	…145
YOYO故事屋	…145
袖珍博物馆	…146

好买
| 环亚购物中心 | …146 |

好吃

辽宁街夜市	…147
王记府城肉粽	…147
林东芳牛肉面	…147

Part.18 台北大安 …148

好玩

| 大安森林公园 | …150 |
| 台北清真寺 | …151 |

好买

建国南路周末市场	…151
远企购物中心	…151
临江街夜市	…152

好吃

| AoBa | …153 |
| 紫藤庐 | …153 |

Part.19 台北动物园 …154

好玩

猫空缆车	…156
木栅指南宫	…157
猫空茶园	…158
台北市动物园	…158

好吃

| 深坑老街 | …159 |

Part.20 台中市 …160

好玩

| 台中车站 | …162 |
| 台中"市政府"大楼 | …163 |

宝觉寺	…163	武昌宫	…175
台湾美术馆	…163	集集神木	…175
绿川	…164	仁爱乡雾社	…176
台中公园	…164	集集车站	…176
台中孔庙	…164	彰化孔庙	…176
雪霸公园	…165	彰化武德殿	…176
大甲镇澜宫	…165	彰化扇形车库	…177
清水镇	…165	彰化八卦山	…177
		南北管音乐戏曲馆	…177
		彰化虎山岩	…177

好买
中友商圈	…166	古月民俗馆	…178
逢甲商圈	…166	鹿港小镇	…178
建国市场	…167	芬园宝藏寺	…178
精明一街	…167	鹿港民俗文物馆	…178
太阳堂饼店	…167	鹿港天后宫	…179
		鹿港新祖宫	…179
		鹿港龙山寺	…179

好吃
台湾香蕉新乐园	…168	彰化清水岩森林游览区	…180
上海新乐园	…168	松柏岭	…180
一中丰仁冰	…169	王功渔港	…180
阿水狮猪脚大王	…169		
一福堂	…169		

好买
集集古街	…181
鹿港古街市	…181

Part.21 日月潭 …170

Part.22 阿里山 …182

好玩
日月潭	…172	阿里山风景区	…184
伊达邵	…173	阿里山森林游乐区	…185
慈恩塔	…173	阿里山森林铁路	…185
涵碧楼步道	…173	祝山	…185
玄奘寺	…173	阿里山步道	…185
玄光寺	…173	慈云寺	…185
文武庙	…174	高山植物园博物馆	…186
九族文化村	…174	奋起湖风景区	…186
拉鲁岛	…174	丰山风景区	…186
集集铁路文物博览馆	…174	中华民俗村	…186
八通关古道	…175		
明新书院	…175		

北回归线天文广场	…187	台南延平郡王祠	…197
嘉义市史迹资料馆	…187	台南市消防局	…197
嘉义城隍庙	…187	台南孔庙	…197
嘉义九华山地藏庵	…188	台湾文学馆	…197
嘉义市交趾陶馆	…188	汤德章纪念公园	…198
嘉义公园	…188	台湾成功大学	…198
新港奉天宫	…189	台南地方法院	…198
艺都表演村	…189	台南公园	…199
中正大学	…189	台南测候所	…199
嘉义农场	…190	台南大天后宫	…199
曾文水库	…190	台南祀典武庙	…200
		台南车站	…200
好买		鹿耳门天后宫	…200
洪雅书房	…191	旧台南放送局	…201
		台南开元寺	…201
好吃		台湾开拓史料蜡像馆	…201
民国路面食街	…192	安平开台天后宫	…202
喷水鸡肉饭	…192	土城圣母庙	…202
民雄鹅肉太郎本店	…192	安平古堡	…202
林聪明家砂锅鱼头	…193	台南五妃庙	…203
老杨方块酥	…193	长荣女子高级中学	…203
文化路夜市	…193	亿载金城	…203
真味珍香肠	…193	台南大远百娱乐城	…204
		珊瑚潭	…204
		顽皮世界野生动物园	…204

Part.23 台南 …194

好玩

赤崁楼 …196

好买

延平街	…205
新光三越台南新天地	…205
中正路	…206
久大特产行	…206
全台首学书房	…206
振发号茶庄	…206
周氏虾卷礼盒	…207
台南流动夜市	…207
黑桥牌香肠礼盒	…207

好吃

阿霞饭店	…208
禄记包子	…208
赤崁棺材板	…208

再发号肉粽	…209
叶小龙小卷米粉	…209
度小月担仔面	…209
陈家蚵卷	…210
莉莉水果店	…210
福记肉圆	…210
老牌鳝鱼面	…210
乌鱼子	…211
台南蔡虱目鱼	…211
小南米糕	…211
古堡蚵仔煎	…211

Part.24 高雄 …212

好玩

高雄愿景馆	…214
高雄市历史博物馆	…215
玫瑰圣母院	…215
三凤宫	…215
驳二艺术特区	…215
高雄市电影图书馆	…216
寿山公园	…216
陈中和纪念馆	…216
生日公园	…216
爱河	…217
西子湾风景区	…217
台湾科学工艺博物馆	…218
旗津风景区	…218
高雄85大楼	…218
城市光廊	…219
莲池潭	…219
高雄港	…219
打狗英国领事馆	…220
旗后灯塔	…220
澄清湖	…220
高雄孔庙	…221
垦丁公园	…221
旗山老街	…221

好买

三凤中街	…222
堀江商店街	…222
原宿玉竹商圈	…223
汉神百货	…223
大立伊势丹百货公司	…223
梦时代	…224
六合夜市	…224

好吃

新百龄排骨大王	…225
自强路夜市	…225
高雄牛乳大王	…225
光华夜市	…226
米糕城	…226
阿婆仔冰	…226
佳香味胡椒饼	…227
刘家小馆	…227
哈玛星黑旗鱼丸大王	…227

Part.25 索引 …228

台湾
攻略GUIDE

好玩

好买

好吃

A 速度看台湾！
TAIWAN HOW
台湾推荐

1 概况及印象

台湾自古就是中国神圣领土的一部分，物产丰富，早在三国时代就逐渐开拓，清光绪十一年（1885）正式建立行省，首府台北市为台湾的政治、经济、金融和文化中心，大厦云集，商业繁荣，是一个人文荟萃、充满活力的国际都会。台湾岛上自然风光秀美如画，有气势磅礴的太鲁阁峡谷、林木繁茂的阿里山和雄伟壮美的东北亚第一高峰玉山，而日月潭则宛如一颗璀璨的明珠镶嵌在群山之中，令人赞叹不已。

2 地理

台湾四面环海，位于亚洲东部地区，全岛面积36193平方公里，是中国第一大岛，因欧亚大陆板块、菲律宾海洋板块挤压而隆起，全岛地形东高西低，山脉纵贯岛屿。台湾岛有五大山脉、四大平原、三大盆地，海拔3952米的玉山位于纵贯南北的中央山脉。全岛位于环太平洋地震带和火山带上，地壳不稳，是一个多地震的地区。

3 气候

北回归线穿过台湾中部，台湾北部为亚热带气候，南部属热带气候，局部又具有热带、亚热带、温带、寒带等多种气候特征，故而岛上的自然景观与生态系统呈多样化分布。台湾岛年平均气温为22℃，全岛气候冬季温暖，夏季炎热，雨量充沛，夏秋多台风和暴雨。

4 区划

台湾省辖台北、新北、桃园、台中、台南、高雄6个直辖市，新竹、苗栗、彰化、南投、云林、嘉义、屏东、宜兰、花莲、台东、澎湖、金门、连江13个县，以及3个和县同级的市，分别是基隆、新竹和嘉义。

5 人口

台湾人口约2343万，其中汉族约占98%，其余为高山族等少数民族。

013

速度去台湾！TAIWAN HOW

❶ 办理赴台旅游观光手续

目前，内地包括北京、天津、上海等在内的36个城市的居民都可以赴台自由旅游。游客需凭借旅行社出具的全额收费票据，到户口所在地公安局出入境管理处办理，具体办理手续如下：

赴台观光旅游	
申请资格	目前内地开放个人旅游（自由行）的城市有： 北京、上海、厦门、天津、重庆、南京、杭州、广州、成都、济南、西安、福州、深圳、苏州、武汉、宁波、青岛、郑州、沈阳、长春、石家庄、长沙、昆明、南宁、合肥、泉州、漳州、太原、贵阳、烟台、哈尔滨、中山、大连、温州、南昌、无锡、海口、呼和浩特、兰州、银川、常州、舟山、惠州、威海、龙岩、桂林和徐州
所需证件	1.全《大陆居民往来台湾地区申请表》一份，在旅行社领取。 2.户口本原件及复印件4份。 3.身份证原件及复印件4份。 4.正面免冠2寸彩色近照6张。 5.在职人员需提供任职半年以上"在职证明信"，学生则要提供"学生证复印件"或是"在校证明"和请假证明原件。 6.如不能提供在职证明，需提供在银行存款5万人民币以上、存期3个月以上或提领日在预计入台日起算3个月后的证明。 7.若夫妻同去，则需提供结婚证复印件，小孩需要提供全家人户口本复印件。 8.退休人士需提供退休证复印件（全本复印）、全家户口本复印件。
签注种类	签注种类分为：D—定居；J—居留；T—探亲；L—旅游；Q—其他，指访友、接受和处理财产、处理婚丧事宜、诉讼等私人事务；Y—应邀，指持国务院台办"赴台批件"赴台进行经济、文化、科技、体育、学术、合作研究等交流活动或者参加会议，进行两岸事务性商谈，采访等；C—执行两岸直航航运任务的人员；F—持国务院台办经济局"关于应邀往来台湾立项批复"，赴台进行经贸、交流活动；G—旅游，个人旅游，可签发6个月有效、一次前往台湾签注（限已开通台湾自由行城市的居民）。
所需费用	《大陆居民往来台湾通行证》的证件费为30元；加注，每项次20元；大陆居民往来台湾一次有效签注每件20元，多次有效签注每件100元。
领取证件	申请受理后，按照回执上标明的取证日期到指定部门领取证件。领取时应携带本人户口本、居民身份证和回执，并在交付证件（签注）费用后取证。取证后一定要认真核对证件及签注的各项内容，防止出现差错。
签证过程中常见问题	1.赴台旅游必须选择本市有经营赴台旅游业务资格的旅行团前往，办理手续时还须出具有本人姓名的旅游费用发票原件、复印件等证明材料。 2.登记备案的国家工作人员须按人事管理权限报批后方可提出申请。 3.《大陆居民往来台湾通行证》有效期为5年，个人旅游签注（G签注）有效期为6个月，持证人在台湾停留时间自入境台湾次日起不得超过15日。 4.《大陆居民往来台湾通行证》有效期不足三个月（含）时，出入境管理局不受理签注申请，不予出境，证件持有人可自行前往出入境管理局办理通行证延期手续。如您首次办理《大陆居民往来台湾通行证》，需要亲自前去办理此证及加注G签，出证后可请人代领；如您已有《大陆居民往来台湾通行证》，仅需加注G签，则可委托他人代为送签。具体情况请询出入境管理中心。

*上述介绍仅供参考，具体申请手续以当地有关部门公布的规定为准。

3 相关手续

出发时一般会有旅行社的领队告诉大家入台的简要程序，基本上每个口岸的出入境手续都是相同的。新鲜蔬果和腌制鱼肉类是禁止带入的，携带现金也不能超过2万元人民币，或折合5000美元，或价值2万美元的黄金。行李物品的总价值不能超越免税限额新台币2万元，烟酒免税限量（烟200支或雪茄25支或烟丝1磅，酒1升），旅行支票不在此限制之内。

4 具体程序

1. 据实申报所携带行李物品，通过海关，进行安全检查。
2. 进行卫生检疫。
3. 出示各种证件、护照，并将边防检查出境登记卡交给边防人员检查。

入境手续一般包括：

1. 出示通行证、观光证和旅游签证。
2. 将填写好的旅客入境申报表交给工作人员检查。

2 赴台方式

游客在办理好通行证、观光证，并取得签注以后，就可以自由进入台湾了。目前旅客出入台湾的方式主要有两种，一是乘坐飞机直接到达台湾；二是先到达福建厦门，之后乘船至金门，再乘飞机飞往台北。其中，福建沿海与金门、马祖地区直接往来，航班天天有，流量大，行程安排灵活，受到许多旅行者的青睐。

在台湾，要注意这些！

天气	台湾四面环海，属于亚热带海洋性气候。受到海洋性季风的调节，台湾终年气候宜人，湿润多雨，冬无严寒，夏无酷热。岛上树木葱茏，百花芬芳，年平均气温除高山地区外为22℃左右。4月到11月是夏季，平均气温在28℃左右；12月到翌年3月是"凉爽"的冬季，即便在最冷的2月，平均气温也在20℃左右。每年6月至10月是台风季节，其中以7月至9月台风次数最为频繁，因此旅游最好避开这段时间。
货币	台湾使用新台币，新台币纸币面额为100元、500元、1000元，硬币面额为1元、5元、10元、50元。台湾大大小小的银行非常多，口碑较好的是台湾银行、星光银行等。游客可以在这里兑换新台币。另外，岛内有些风景区、饭店也接受人民币。
通讯	"全球通"到台湾可以漫游，费用不是很贵，也可以发短信，但是"神州行"卡就不行。公用电话或酒店的电话都可直拨，其使用方法为：002+中国国际代号86+地区代号+电话号码。一般而言，酒店的电话费用较高。
饭店设备	大部分酒店为了环保，一般不提供牙刷、牙膏、拖鞋之类的一次性用品，因此需要自备。冰箱内的饮料和食品是需要付费的，取用后在退房时需向柜台结账。这里的生水不能饮用，酒店和餐厅都有茶水供应，也可以在便利商店购买矿泉水。部分旅馆的电视设有收费频道，如果观看了也要在退房时一并付费结账。另外，台湾的电压是110伏，给手机、照相机电池充电时一定要使用电源转换器。
交通	台湾的交通比较发达，铁路、公路网遍布全台，既快捷又方便。火车有特快列车及"通勤电车"、"普通列车"等5种，所有的特别列车都有空调，对号入座，其余列车有空位自由入座。台北至高雄约需4小时10分钟，台北至台东约5小时50分钟。台北捷运连接台北市与新北市各地，营运时间一般每天6:00~24:00，3~15分钟一班车。价格为新台币20元起步，按站点多少来收费。
常用电话	观光旅游服务咨询热线：0800-011-765 中文查号台：104 国际台：100 英语查号台：106 火警、救护车、消防：119 报案：110

速度行 台湾！
TAIWAN HOW

1 航空

台北桃园机场和高雄国际机场开通有通往全球主要国家直达航班的国际航线，香港及东南亚部分航班可直达高雄机场。此外，台湾还有以台北、高雄为中心，飞至马公、花莲、台东、嘉义、台中、台南、梨山、日月潭、恒春、绿岛的定期航班，马公、绿岛、兰屿、小琉球、七美屿、望安为离岛小型机场。

2 铁路

台湾的铁路总长约4500公里，其中超过70%为窄轨铁路，全台铁路分为东、西两线，西线包括纵贯铁路及支线，东线主要由台东线和新修筑的北回铁路组成，东、西两线与1991年建成通车的南回铁路共同组成环岛铁路网。

3 高速铁路

2007年1月，全长345公里的台湾高速铁路正式投入使用，以台北火车站为起点，经板桥、桃园、新竹、台中、嘉义、台南至高雄左营，共8个车站。最高营运速度设定为每小时300公里，从台北到高雄仅需要100分钟。

4 环岛之星

台铁推出的顶级环岛观光列车——环岛之星，拥有可媲美飞机头等舱的舒适座位、五星级饭店般的餐饮服务、360°旋转豪华坐椅、超大观景车窗以及KTV娱乐车厢。环岛之星列车每日从台北出发，分为顺时针和逆时针方向行驶的两班列车，共设台北、板桥、桃园、新竹、台中、彰化、斗六、嘉义、台南、高雄、屏东、枋寮、知本、台东、关山、玉里、花莲、礁溪等18个车站。

5 公路

台湾的公路总长达到1.7万多公里，其中环岛高速总长1031公里，遍及全岛的公路网线密集，依照地理形势和道路功能分为高速公路、环岛公路、横贯公路、纵贯公路、滨海公路和联络公路。负责全台长途运行的客运巴士连接全岛各县市，票价较火车便宜，给游客提供了极大便利。

6 海运

台湾海上交通发达，基隆、高雄、花莲为客轮主要停靠的大型国际海港，与台湾各离岛及金门、马祖之间的交通极为方便。此外，金门的水头商港同时为福建沿海与金门、马祖地区直接往来的指定港口，与厦门和平码头间有定期航线，但只对台胞、台商等特定人群开放。

速度玩台湾! TAIWAN HOW

台湾推荐

10大人气好玩旅游热地

① 阿里山

阿里山位于嘉义市东面75公里处，属玉山山脉的支脉，实际是大武峦山、尖山、祝山等18座山峰的统称，其主峰塔山海拔为2600多米。阿里山气候温和，林木葱翠，不单育有台湾杉、铁杉及小姬松等多种珍贵树种，更以云海和日出等奇景著称于世，有"不到阿里山，不知阿里山之美，不知阿里山之富，更不知阿里山之伟大"之说，是全台湾最理想的避暑和休闲胜地。20世纪80年代，一首以阿里山为主题的歌曲曾经传遍大江南北，秀丽挺拔的阿里山也由此成为台湾的标志之一。

② 野柳自然风景区

野柳自然风景区位于新北市万里乡野柳村，是大屯山系延伸至海中的一个岬角，为台湾十二名胜之一。这一带的地层由砂岩堆积而成，因受海浪长期的侵蚀以及风化作用，在海边形成了陡直的海蚀崖和宽平的岩床。海滩上奇岩密布，种类繁多，怪石天成的人物、巨兽、器物惟妙惟肖，令人不禁赞叹大自然的鬼斧神工。风景区内又设有台湾第一座海洋水族馆，游客倘若看腻了笼箱里的演出，倒不如信步来到海滩上。每当退潮以后，这里的岸边都会留下许多五颜六色的贝壳与海胆，足以让人兴奋不已。

③ 日月潭

300年前，现今居住在嘉义县的30余名山胞外出捕猎，在林间穿行四天三夜以后，意外地发现了在千峰万岭的重重围拥之中，有一派碧水正在晴日下闪烁着晶莹的宝蓝色光芒。惊讶与感叹之余，又见湖中有一圆形小岛，将湖水一分为二，一半圆如太阳，一半角似新月。于是他们将这处湖泊命名为"日月潭"，而那座小岛则被称为"珠仔岛"。

日月潭美景如画，尤其是秋天的夜晚，湖面轻笼着薄雾，明月倒映湖中，景色更为秀丽动人。而每年中秋时节，当地的青年男女们还会扛着竹竿，带着象征日月的彩球，来到潭边，跳起古老的民间舞蹈，把"太阳"和"月亮"顶上天，让日月潭永远享有日月的光辉。

④ 垦丁森林公园

垦丁原是指清光绪年间为了纪念自广东前往台湾开垦的壮丁们，而将他们的工作地点命名为"垦丁"。今天的垦丁森林公园位于宝岛南端恒春半岛的南侧，三面环海，是岛内唯一涵盖陆地与海域的森林公园，也是台湾本岛唯一的热带区域。特殊的地形、丰饶的动植物及独特的民情风俗，不仅是保育研究、环境教育的自然博物馆，更是休闲旅游的胜地。园区内热带植物广布，周遭遍布隆起的珊瑚礁岩，是由珊瑚骨骸及贝类遗骸、海藻等沉积而成。而珊瑚礁岩经多年风雨侵蚀及各种引力作用，更是形成了诸如峡谷、洞穴、钟乳石、石笋等绮丽的地形景观。

⑤ 夜市

作为台湾本土文化中一个重要的组成部分，无论台北、台中还是高雄，由北部到南部，几乎每个城市都有自己红火的夜市。在夜市里不单可以品尝到各式精美的小吃，同时还有各种珍奇的日用百货、工艺品、服装乃至小游戏等，喧嚣繁华之余更能令人体会到浓郁的地方特色与地道的乡土原味，真正融入到普通台湾人的生活当中。台湾最为有名的夜市有号称人气最旺、小吃最多的台中逢甲夜市，历史悠久、异国风味浓厚的高雄六合夜市，极具平民色彩的士林夜市等。

⑥ 台北

台北是台湾第一大城市，它不光是政治、经济的中心，更是很多人向往的旅游胜地。首先这里拥有浓郁的现代化氛围、纵横交错的高速公路、拔地而起的高楼大厦，还有星点状的公园绿化带以及终日川流不息的车水马龙，都能让人领略到这座城市的现代化魅力。当然台北的风景不仅仅只有这些现代化的资源，它还拥有不胜枚举的名胜古迹，其中台北城门、龙山寺、保安宫、孔庙、指南宫、圆山文化遗址等都是览胜的好地方。台北的自然风光也不逊色，位于市中心的和平公园、植物园、大安森林公园，则堪称典型的城市绿洲，都是游客舒缓身心的好去处。

台湾推荐

⑦ 鹿港小镇

鹿港小镇位于台湾中部西海岸,是一座历史非常悠久的文化小镇,历史上有"一府二鹿三艋舺"之说,分别指的是台南、鹿港和台北万华,其中鹿港是当时文化与商业的港埠重镇,如今鹿港密集的寺庙古迹和传统建筑足堪印证当年的盛况。如果您细细品味会发现,这座文化小镇处处流露着历史文化名城泉州的风味,难怪它有"繁华犹似小泉州"的美名。

⑧ 台中

台中是台湾第三大城市,这里气候温和,环境优美,一年四季风光如画,因此被认为是台湾最适宜居住的城市,同时还享有"宁静之都"的美称。台中的旅游资源以艺术人文展示馆为主,如自然科学博物馆、台湾美术馆、台中市立文化中心、台中民俗公园、丰乐雕塑公园等。若要欣赏自然风光或享受娱乐游憩,亚哥花园、东山乐园是最好的选择。

⑩ 台南

台南是台湾第四大城市,位于台湾西南部嘉南平原,这里是台湾开发最早的地方,不仅保留着传统的风俗民情,还有一大批名胜古迹,如赤嵌楼、普罗民遮城、大南门等,其中普罗民遮城大都是清朝时重建的,包含文昌阁、海神庙、五子祠、蓬壶书院、大士殿五栋建物,极具观赏价值。台南的自然风光主要集中在七股区,这里为台湾最完整的海岸湿地,盐田、养蚵人家、防风林、红树林、野生鸟类、老聚落等交织成一片动人心弦的滨海风光。

⑨ 高雄

高雄地处嘉南平原与屏东平原之间,为台湾第二大城市,濒临台湾海峡南口。这里全年长夏无冬,一派热带风光,是一座美丽的海港城市。高雄风光以高雄八景为最佳,包括旗山夕照、埕埔晓鹭、猿峰夜雨、戍楼秋月、江港归帆、鼓湾涛声、苓湖晴风和江村渔歌,无一不令游客流连忘返。

E 速度买 台湾！
TAIWAN HOW
10大购物瞎拼潮流地

1 西门町服饰街

西门町服饰街是西门町最热闹的街区之一，沿街数十家出售服饰的商店拥有各种来自世界各地的知名品牌。

3 师大路夜市

师大路夜市是台湾师范大学附近最为热闹的地方，是附近学生逛街的首选地。这里除了各种美食外，还有经营服装饰品等的摊位。

2 南门市场

南门市场是一个销售来自内地各种杂货、干货的市场，各种老字号店铺更是随处可见。南门市场里的饰品店和手工艺品店里出售的商品也都是很有特色的。

4 中山北路名品街

中山北路是一条购物休闲的街道，它汇集了众多世界名牌精品，LV、GUCCI、香奈儿、Coach、YSL等国际知名品牌的台北旗舰店都驻扎在这里。

台湾推荐

⑤ 信义商圈

信义商圈是目前台北最具标志性的繁华商业区，以台北101大楼为中心，周围分布着数十家大型商家。

⑥ 忠孝敦化商圈

忠孝敦化商圈店铺林立，即使是夜幕降临，这里也有夜市摊位，叫卖之声不绝于耳。尤其是在敦化南路，几乎每走几步都能发现出售高级精品的时尚店。

⑦ 建国南路周末市场

建国南路周末市场每到周末才会开张营业，市场以仁爱路为界，以北为玉器市场，以南则是花市和民间工艺品市场，是外地游客的最爱。

⑧ 五分埔服装批发市场

五分埔服装批发市场历史悠久，这里的成衣货源来自中国台湾、香港以及日本、泰国，甚至欧美等地。质优价廉是这里的特色，只要货比三家，每个人都能买到自己心仪的服饰。

⑨ 迪化街

迪化街是台湾很有历史的商业老街，是中药和布匹的主要集散地。

⑩ 永乐市场

永乐市场是全台北最大的布料市场。在商场大楼1~2层里摆着各种五颜六色的布料，上百家布店分布其间。

021

F 速度买台湾！
TAIWAN HOW
特色人气好礼带回家

1 台湾糕点

台湾糕点业十分发达，除了凤梨酥等传统糕点外，还有很多日式、西式等外来货品。各个经营者还绞尽脑汁不断创新开发，新品层出不穷。

2 肉松、猪肉干、牛肉干

台湾的肉制品在业内享有盛誉，一向秉承着"少盐、少糖、少油"的健康策略，保证了猪肉、牛肉最天然的味道。

3 台湾酒

台湾酿酒业历史悠久，尤其以马祖高粱所酿造的高粱酒为代表，这种酒入口口味醇正，回味绵香悠长，而且包装精美古朴，是台湾人最喜欢的桌上常客。

4 台湾茶叶

台湾种茶至今已经有200多年的历史，拥有冻顶乌龙、文山包种、铁观音、高山茶等多个品种。目前台湾茶以其香气浓郁、味道悠远而备受市场的追捧。

台湾推荐

5 乌鱼子

乌鱼子是台湾盛产的一种水产品，是用乌鱼的卵巢加工而成的。乌鱼子口感厚实、鲜嫩，虽然不易保存，但依然是一种下酒的好菜。

7 黑桥香肠

黑桥香肠至今已经有30多年历史，形状比一般香肠要粗很多，特别适合台湾南方人的口味，逢年过节很多台湾人都会买上一些馈赠亲友。

6 海产腌渍品

台湾有很多经营海产腌渍品的店家，他们各有各的绝招，几乎每家都有自己独特的腌渍方法，因此各地的腌渍品口味各不相同，百花齐放。

8 阿婆铁蛋

铁蛋是淡水地区著名的传统小吃，这种经过反复回锅的卤蛋色黑似铁，外皮坚韧有嚼劲，但是咸味适中，口味独特，为各地食客所推崇。

9 布袋戏布偶

布袋戏是台湾最知名的传统艺术，现今很多地方都有出售做工精美的布偶的商店。这些布偶衣着华美，雕工精细，都是手工制成，艺术价值和收藏价值极高。

10 台湾书刊

台湾书刊现在越来越多地出现在人们的视野中，这些书籍装帧精美，印刷质量好，虽然价钱贵一些，但是极受那些喜爱收藏图书的人们的追捧。

G 速度买台湾！
TAIWAN HOW
10大人气夜市必逛地

① 台北士林夜市

士林夜市位于文林路、大东路、大南路和小北街一带，是台北颇具规模且相当知名的夜市之一，这里有超过五百家店面和摊贩，有各式风味小吃、流行服饰以及日用百货等。每当夜幕降临，华灯一一亮起，士林夜市即步入繁华，这时人如潮水一般向这里涌来，整个场面热闹非凡。

③ 台北临江街夜市

临江街夜市也叫通化街夜市，因其范围在通化街与基隆路间的临江街而得名，这里是台北市的一个观光夜市。这里有非常多的小吃摊位，经营各式风味小吃，且价格十分便宜。因此，一到晚上这里就人山人海，热闹异常。

② 台北公馆夜市

台北公馆夜市主要是指台湾大学门口、东南亚戏院与沿着罗斯福路和汀州路一带，这一片地区分布着小吃店、服饰店、精品店、书店等，各式小店兴盛，自成一个小型商圈，吸引了无数游客来此品尝美食。值得一提的是这里充斥着许多东南亚风情的小店和饭馆，比如有泰国、越南、缅甸、印尼等国料理，不仅口味正宗，店内装潢也颇具民族特色，那些售卖东南亚手工艺品与饰品的小店也值得一逛。

④ 台北辽宁街夜市

台北辽宁街夜市位于台北市的中心区，在台北小有名气，它是一个以吃为主题的小夜市，这里的店铺大部分是老字号，随便一家小店都有二三十年以上的历史。来到这里除了可以品尝到担仔面、麻油腰子、肉圆、蚵仔煎、快炒等各式传统小吃外，还可以去新近兴起的鹅肉店、海鲜餐厅享受一下现下标榜是最新鲜食材的美食。

⑤ 宁夏路夜市

宁夏路夜市在台北市老社区大同区内，是台北市西部的美食夜市，一到晚上，街前小巷处处都摆起了小吃摊，宁夏路夜市的小吃是台北各个夜市中最多样化的，包括许多传统台湾小吃，像吴郭鱼汤、沙茶牛肉、猪肝汤、台南碗粿、色拉鱼卵、卤肉饭、蚵仔煎、蚵仔面线、鸡肉饭等，都很受游客或者当地人的欢迎。另外，宁夏路夜市人车分道，逛起街来也格外安心。

⑥ 台北饶河街观光夜市

台北饶河街观光夜市位于台北市松山区饶河街，是台北市数一数二受欢迎的观光夜市，每逢周末和节假日总是人山人海。对于外地游客来说，逛饶河街观光夜市是到台湾旅游的不二选择。街道两侧整排全是店面，再加上道路中间的两排摊位，足有数百家，如古早豆花、蚵仔面线、麻辣臭豆腐、麻辣鸭血、杨桃汁、蟹壳黄、生炒蟹脚等众多美味，让人垂涎欲滴。

⑦ 高雄光华夜市

光华观光夜市主要以小吃摊为主，并结合了南北知名的特色小吃，色、香、味俱全，物美价廉，每天总能吸引许多人前来品尝，其中最为著名的美食是盐水意面、碳烤三明治、林家水饺、八宝冰、热圆仔汤等，吃过之后还意犹未尽。由于光华观光夜市位于交通便捷、繁华热闹的市中心一带，平日几乎是人山人海、川流不息，可见人们对这里的喜爱。

⑧ 嘉义文化路夜市

嘉义文化路夜市位于嘉义市中心，为嘉义最繁华热闹的街道，沿路有各式各样的商店。文化路白天为一般车道，晚上则成为行人徒步专用道，夜市中有许多闻名的道地风味小吃，有知名的嘉义鸡肉饭、罗山米糕、粿仔汤等。嘉义文化夜市还是淘宝的好去处，这里有多家最新潮的流行饰品店和创意精品店，值得一逛。

⑨ 高雄六合夜市

六合夜市位于高雄市，距高雄火车站约十几分钟路程，沿中山路直行后右转至六合路即可到达。白天这里是笔直的大马路，入夜后车水马龙，热闹非凡，各种本地可口美食琳琅满目，经济实惠，无数观光客慕名而来，尽情享受这里休闲轻松的夜晚。

⑩ 高雄自强路夜市

自强路夜市位于高雄市苓雅区，大致在自强三路与苓雅二路之交会处，是高雄当地人入夜后必逛的夜市之一。夜市两旁摊位林立，飘香四溢的卤味摊、令人垂涎三尺的盐酥鸡、透心凉的饮料店冰果室、各种风味小吃等，极具诱惑力，好吃又不贵，所以这里人气超旺。

速度吃台湾！

TAIWAN HOW

10大人气美食魅力榜

① 欣叶餐厅

欣叶餐厅是一家颇有人气的餐厅，除了有轻粥小菜、台湾小吃外，还有不少热炒类台湾菜，当然也涵盖一般宴客的大菜，菜式相当多元，味道也不错，服务质量很好，尽管有点贵，但是人气还是十分旺盛。

② 鼎泰丰

鼎泰丰是一家口碑极好的小笼包专卖店，在世界各地都有分店，非常有名气，还被评为世界十大美食餐厅之一。很多游客到台湾必到鼎泰丰，只为一尝小笼包的美味，许多知名人士，如成龙、巩俐、张曼玉、周星驰等都曾是鼎泰丰的座上客。

③ AoBa

AoBa是一家台式料理店，这家店的用餐空间时尚，古典式的装潢雅致大方。AoBa不仅提供精致的单点、套餐料理，更可为客人量身打造筵席桌菜，它以新台菜概念的崭新风貌，呈现出更多元的精致台菜的风格，受到食客的好评。

④ 京鼎楼

京鼎楼位于台北长春路，也是一家以小笼包而闻名的餐厅，其味道与大名鼎鼎的鼎泰丰相比毫不逊色，故而这里食客也是络绎不绝，人气十足。

⑤ 阿水狮猪脚大王

阿水狮猪脚大王已有40年历史，是台中相当出名的店家。沿用家传狗姆锅与私房卤汁制成的猪脚，香浓滑润、骨髓入味，在美食界颇具影响力，很多来台湾的食客都会慕名前去品尝。

⑥ 高雄牛乳大王

高雄牛乳大王是发源于台湾高雄的连锁餐厅，由钟文梁创立于1966年。店内干净整洁，食物新鲜美味，给食客留下了很好的印象。高雄牛乳大王以牛乳为基础，精心调配出多种口味，尤其是"木瓜牛乳"更是消费者的最爱。

⑦ 阿霞饭店

台南美食首推阿霞饭店，这是一家百年老店，尤其是招牌菜红蟳米糕，非常受食客欢迎。此外，还有鱼翅羹、清炖大翅汤、清蒸石斑、冷盘菜等，也很受青睐。店内经常座无虚席，生意十分火爆。

⑧ 喷水鸡肉饭

鸡肉饭为嘉义人常吃的一种菜式，台湾许多餐厅都有这种美食，喷水鸡肉饭为其中颇负盛名的一家，因为其本店位于嘉义市喷水池圆环边，因此名为喷水鸡肉饭。它选用的火鸡肉很有弹性，咀嚼起来特别有味道。

⑨ 赤崁棺材板

"棺材板"这名字乍听起来有点吓人，不过，相信许多人会对这"颠覆传统"的台南传统美食相当好奇。这种台南传统美食以赤崁棺材板最受欢迎，其特色在于新鲜的鸡肝、墨鱼的馅料与香滑顺口的奶水营造出独到的口感，绝对是仅此一家。

⑩ 乌鱼子

乌鱼子本是乌鱼卵，将鱼卵切成薄片，在炭火上微炙，直到烤熟，再配以各种作料便可食用。乌鱼子风味独特，含有丰富的蛋白质，吃后齿颊留香。

台湾
攻略HOW

Part.1
台北碧潭

　　碧潭风景区位于新店市北部,曾享有台湾十二大胜景之一的盛誉。碧潭一词最初出自诗人蔡玉麟的创作《碧潭》,因其青山碧水,风景秀丽而深得诗人喜爱,故得此名。碧潭风景区因其沿岸山壁陡立峻峭、山岩绝崎而又被称作赤壁潭。碧潭河是景区最吸引人的,它河岸宽广,水色橙碧,平静如潭。

台北碧潭 特别看点!

第1名! 碧潭风景区! 100分!

★ 山壁陡峭，山崖绝峙，而又被称作赤壁潭!

第2名! 乌来瀑布! 90分!

★ 远望瀑布有如白练一般，自危崖之处如万马奔腾般倾泻而下!

第3名! 仙迹岩! 75分!

★ 因山中一块岩石相传有八仙之一吕洞宾留下的足迹而得名!

好玩 PLAY

01 碧潭风景区 100分!
●●● 台湾十二景之一的摄影胜地 ★★★★

Tips
台北市新北市新店市新店路207号（碧潭风景区管理所） ☎ 02-2913-1184 🚇 乘地铁新店线在新店站出站后换乘650路公交车至碧潭站下车即达

曾享有"台湾十二大胜景之一"盛誉的碧潭风景区地处新店市北部，因其沿岸山壁陡峭，山崖绝峙，而又被称作赤壁潭。"碧潭"一词最初出自诗人蔡玉麟的作品《碧潭》，因其青山碧水、风景秀丽而深得诗人喜爱，故得此名。国民党要员孙科曾来此参观，对其美景赞誉有加，还特地在吊桥头西岸旁的大岩壁上提写"碧潭"两字以作留念，至今仍依稀可见。碧潭河岸宽广，水色澄碧，平静如潭，游客可于东岸游艇码头处泛舟游潭，欣赏西岸的悬崖千仞，一览青山秀水。另外，碧潭的重要景点——碧潭吊桥还沿用了旧桥的白色桥塔结构，并以红色桥身予以搭配，有如长虹悬空跨越两岸，而夜间的灯火装饰更是绚丽多彩，缤纷夺目，若于桥上欣赏碧潭美景，则最为赏心悦目。

02 乌来温泉
绿林中的温泉

位于雪山山脉带变质岩区的乌来温泉主要分布于南势溪与桶后溪交汇口的西侧，其水质清澈透明，最高水温可达78℃，PH值接近7.0。据说乌来温泉无色无味，可饮可浴。另外，温泉具有软化角质、淡化疤痕等功效，还可促进血液流通、镇静神经。由于乌来温泉可以饮用，因此对胃病患者也有帮助。乌来温泉街中属热力温泉的泉温较高，常有游客自备鸡蛋来此烹煮，尝试温泉蛋的风味，别有一番乐趣，而一年一度的乌来樱花祭更成为当地的一件盛事。这里的樱花品种繁多，交相争艳，使樱花、温泉及泰雅的美食和文化融为一体，淡雅非凡。乌来樱花祭活动还包括山谷音乐会以及一系列的泰雅文化活动，使您尽享乌来山景美色的同时也领略到当地少数民族的人文风情。

Tips
🏠 台北市新北市乌来乡　🚇 乘地铁新店线在新店站出站后换乘新店客运乌来线公交车即达

03 乌来瀑布
气势雄伟的瀑布
90分!

素有"云来之泷"美誉的乌来瀑布高达几十米，气势雄伟，风光绮丽。远望瀑布有如白练一般，自危崖之处如万马奔腾般倾泻而下。雨量充沛时，乌来瀑布又会化作两道飞泉，自山谷扑簌而下，云雾弥漫，更加壮美。炎炎夏日，仅看到此景便会让人心旷神怡。格外晶莹剔透的乌来瀑布属雪山山脉，南势溪及桶后溪的交汇直接形成了这处得天独厚的秀丽溪谷，两侧山峰高耸林立，岩壁陡峭险峻，水气于溪谷之中翻腾不止，山水相映，环山抱水，实为旅游一大胜地。

Tips
🏠 台北市新北市乌来乡　🚇 乘地铁新店线在新店站出站后换乘新店客运乌来线公交车在乌来站下车后步行即达

04 新店自行车道
饱览大台北地区的都市美景

新店自行车道即指新店溪沿岸的自行车道，沿途可饱览大台北地区的都市美景，同时更可体验到河畔悠然自得的恬淡气氛。途经的景点数不胜数，有当地著名的自来水博物馆、绿坪连绵的古亭河滨公园，另有清新秀丽的小碧潭以及著名的碧潭风景区，更有热闹繁华的公馆夜市、西门町和华西街观光夜市。自行车道穿越了中和、永和、新店这三大区域，经过了永和中正桥、秀朗桥、碧潭等地。此外，其延伸路线还包括了大汉溪和二重环状自行车道，而新店溪左岸的自行车道即与大汉溪的自行车道相串联。为了方便骑者，当地设有多处自行车租借站，且有甲地借、乙地还的服务，自是服务周到，让您放心。

Tips
🏠 台北市新北市新店市新店路207号（碧潭风景区管理所）　☎ 02-8911-8854　🕐 周六、周日及法定假日7:00—19:00，夏季8:00—18:00　🚇 乘地铁新店线在新店站出站后换乘650路公交车至碧潭站下车即达

05 内洞森林游览区
享受日光浴和欣赏优美的森林风景 ★★★★

Tips
- 台北市新北市乌来乡信贤村
- 02-2661-7358
- 80元新台币，半票40元新台币，优待票10元新台币
- 8:00—17:00
- 乘地铁新店线在新店站出站后换乘650路公交车至碧潭站下车即达

内洞森林游览区拥有多种动物资源，每年春夏交替时节，园内蛙类齐鸣，各种蛙鸣有如优美的自然交响乐，故又名娃娃谷，乃"哇哇"音变而来。园区内自然生态保存完好，拥有多种不同的景观，如森林、瀑布、水潭、溪流等，处处皆充满自然野趣，浑然天成。游览区内还依照自然环境为游客规划设置有凉亭、观瀑桥、游赏步道、野餐区等设备完善的休憩娱乐设施。另外，园内瀑布区因其特殊的地形，还形成了三层式且多变化的瀑布奇景，直接导致水花冲击产生负离子，这里的负离子含量为岛内第一名。娃娃谷的瀑布声势壮大，但水深冷冽，故不可下水游泳。游客还可由碎石铺设全程的主步道以及被称为森林浴步道的环山步道观赏风景，享受日光浴。

06 云仙乐园
台湾第一部空中缆车 ★★★★

云仙乐园是新店溪上游最后的景点，更是充分地表现了大自然的美，集山谷、动物、植被、溪涧景色为一身，就如同仙境一般，春夏秋冬展示着各种不同的美。云仙乐园分为云仙湖区、原野乐园区、溪流亲水区、青年活动中心、云睛湖区、森林浴区以及云仙饭店别墅区等多种娱乐区域。游客可于凉亭处小憩，也可泛舟湖上，还有游泳池、双轨单车、摇摆呼啦、海盗船等多款游乐设施可供选择。值得一提的是这里的生态主题活动，它囊括了野生兰花、禽鸟、樱花、萤火虫、青蛙、昆虫等动植物，就好似一座天然博物馆，会依照季节的轮替而展示不同的展品，十分有趣。此外，由于云仙乐园属于雾带，因此这里繁衍着上百种蕨类植物，俨然一座生态宝库。

Tips
- 台北市新北市乌来乡乌来村瀑布路1-1号
- 02-2661-6383
- 220元新台币
- 8:00—22:00
- 乘地铁新店线在新店站出站后换乘乌来线公交车，在乌来站下车后步行即达

07 仙迹岩
风景优美的自然公园 ★★★★ 75分!

仙迹岩又被称为静美山，因山中一块岩石相传有八仙之一吕洞宾留下的足迹而得名。海拔100多米的仙迹岩毗邻景美街市，山上林木茂密，除了当地百姓外，经常可以看到老师带着学习植物的学生来这里做户外教学。顺着山中的步道可以到达建于仙迹岩上的仙岩庙，在庙前平台可一览台北市南区的风景，也可在夜晚欣赏缤纷灿烂的城市夜景。

Tips
- 台北市文山区景兴街243号
- 乘地铁新店线在景美站下车后沿景中街步行即达

好吃 EAT

01 景美夜市
●●● 热门的美食夜市 ★★★★

以景美街为主的景美夜市是台北一处热门的美食夜市，由传统集市衍生而成的景美夜市汇集了数百家经营不同美味的摊贩。由于毗邻新店、中永和工业区，以及政大、师大分部、世新、中科大等大学，每当夜幕降临，到处人流如潮。此外，景美夜市除了众多美食摊位外，还拥有五金百货店、唱片行以及经营服饰和鞋帽的摊位，其低廉的价格吸引了众多学生光顾。

Tips
🏠 台北市景文街163巷旁的公有市场内　🕐 16:00—次日凌晨1:00　🚇 乘地铁新店线在景美站1、2号出口出站即达

02 阿华热炒店
●●● 景美夜市第一家炒面店 ★★★★

Tips
🏠 台北市文山区景兴街　🚇 乘地铁新店线在景美站1、2号出口出站后步行5分钟即达

作为景美夜市第一家炒面店，价格经济实惠的阿华热炒店面对加饭加面的要求总是有求必应，从不拒绝，因而深受附近学生的欢迎。除了炒面外，阿华热炒店的招牌沙茶羊肉更是选用3000多元新台币一桶的特级沙茶制成，选料极其严格，虽然比其他摊位价格略贵，但微辣鲜香的口感还是吸引了众多客人。

03 米粉汤
●●● 营业30余年的老字号米粉汤店 ★★★★

已经延续两代的米粉汤是景美夜市上一家经营了30余年的米粉汤老店，食客在米粉汤的摊位上可以品尝吴老板用猪大骨加上鸡骨熬上一整天制成的汤头做出的米粉，上桌前再加上特质的日式调味料，诱人的香气令人忍不住连汤带米粉一起吃下去。此外，米粉汤的炸三鲜、红糟肉、大肠和天妇罗等小菜也颇为不俗，不可错过。

Tips
🏠 台北市文山区景兴街　🚇 乘地铁新店线在景美站1、2号出口出站后步行5分钟即达

台湾
攻略HOW

Part.2 台北台湾大学

  台湾大学现辖有台北市境内的四大校区以及溪头实验林，全校占地非常大。台大的整体建筑特色奠定于台北帝大时期，是当时的"总督府营缮科"所设计，采用罗马式的建筑风格，大量使用拱门、门庭的设计以展现空间上的层次和强调入口的位置，内部采用了回廊式的设计。

台北台湾大学 特别看点！

第1名！
台湾大学！
100分！

★ 台湾省的最高学府，充满了浓浓的书卷气息！

第2名！
永康街！
90分！

★ 台北著名的小吃一条街！

第3名！
师大路夜市！
75分！

★ 除了各种美食还有经营服装饰品等的摊位！

 ## 好玩 PLAY

01 世界宗教博物馆
了解世界宗教的多样性

世界宗教博物馆是台湾第一座以世界各地宗教为主题的展览馆，馆内通过宗教建筑、经典文献、音乐、仪式等各方面的展出向游客详细介绍了基督教、伊斯兰教、佛教、道教等世界各大宗教的多样性。此外，游客还可以在馆内的生命之旅厅中观看世界各民族的文化及礼仪，了解各种宗教和不同民族在人类生活中发挥的作用。

Tips
- 台北市新北市永和市中山路一段236号7楼
- 02-8231-6118
- 全票150元新台币，半票100元新台币
- 10:00—17:00
- 乘地铁中和线在顶溪站1号出口出站后，沿永和路二段、中山路一段步行大约15分钟即达

02 台湾师范大学
享誉已久的师范学院 ★★★★

成立于1946年6月5日的台湾师范大学，前身是台湾总督高等学校，迄今已有60余年的历史，是台湾一所享誉已久的师范学院。游客在校园内可以欣赏到古色古香的红砖建筑，以及绿意盎然的校园，其中作为学生餐厅的文荟厅更是被列为台湾历史古迹，吸引了众多关注。

> **Tips**
> 台北市和平东路一段162号　02-2362-5101
> 免费　全天开放　从地铁新店线古亭站4号出口出站后步行5分钟即达

03 儿童交通博物馆
体验未来的台北交通 ★★★★

位于汀州路的儿童交通博物馆以交通教室为主题，拥有视听中心、列车教室以及数十种测验仪器，可以引导小朋友熟悉各种与交通相关的知识，还可以在海、陆、空各项交通设施中了解各类交通工具。此外，博物馆内的明日交通世界馆则是一处模拟太空舱，游客可以在这里体验未来的台北交通，各种充满科技感的元素吸引了很多人专程前来。

> **Tips**
> 台北市新生南路三段2号　02-2368-6899
> 周二至周日9:00—18:00　乘地铁新店线在台电大楼站4号和5号出口出站后步行10分钟即达

04 台湾大学
绿意盎然的台湾最高学府 ★★★★★ （100分）

> **Tips**
> 台湾台北市罗斯福路4段1号　02-23630231
> 免费　9:00—21:00　乘地铁新店线公馆站3号出口出站后步行3分钟即达

台湾大学位于台湾地区台北市大安区罗斯福路（总校区），前身为成立于日据时期（1928年）的台北帝国大学，是当时九所日本帝国大学之一。收复台湾后，于1945年改制为台湾大学。此后，台大即以傅斯年校长为代表的自由主义学风著称，其教授、学生与校友皆对当代台湾历史的发展有着莫大的影响，校园亦为多次民主运动、学生运动的策源地。

学校现辖有台北市境内的四大校区以及溪头实验林约345平方公里的土地，全校占地约达全岛陆地的百分之一。从罗斯福路及新生南路校门进入台大校总区后，即可以看到有巴洛克式建筑轴线风格的椰林大道，大道两侧种植有大王椰子——这项设计早在日据时期就已经存在，椰树两旁则种植有台大的校花杜鹃花。椰林大道两旁和校舍之间常见的植物有樟树和龙柏，这两种植物主要是在1949年后种植的。台大的整体建筑特色奠定于台北帝大时期，是当时的"总督府营缮科"所设计，采用罗马式的建筑风格，大量使用拱门、门庭的结构，以展现空间上的层次和强调入口的位置，内部也采用了回廊式的设计。

2005年台湾大学举办全校票选活动，票选出"台大十二景"，分别为：新总图书馆、醉月湖、醉月湖椰林大道与旧校区、椰林大道及振兴草坪傅钟、台大校门、傅园、大学池、旧医学院大楼、生态池、生态池舟山路、校总区农场和"共同三松"。

好买 BUY

01 永康街　　90分！
台北最适宜散步的街道　　★★★★★

最初作为文教区和高级住宅区的永康街一带是台北市内最受瞩目的街区，以永康公园为核心，永康街沿街随处可以看到格调高雅的咖啡厅和琳琅满目的商店，年轻人和游客经常光顾。

漫步在永康街上，除了琳琅满目的商店、咖啡厅以外，经营各种美味料理的餐厅也是这里的一大特点，不论是年轻人热衷的甜品，还是食客盈门的台湾家乡菜馆，都可以在这里寻到，颇受各地游客的欢迎。酒足饭饱之余，可以在永康街沿街鳞次栉比的时尚小店中淘宝，不论是做工精致的旗袍，还是各式台湾本地的纪念品，都可以在这里买到，可谓是台北市内最适合给亲朋购买纪念品与小礼物的地方。

Tips
🏠 台北市永康街　🚇 乘地铁新店线在古亭站下车后沿信义路步行20分钟即达

02 昭和町
日据时代的台湾老古董　　★★★★★

昭和町是一处散发着浓郁日本气息的小店，店内展出有大量店主从台湾各地收集来的日据时代的古董，不论电影海报、留声机还是脚踏车，每一件都充满历史气息，吸引了众多游客到这里淘宝，感受旧时台北的风貌。

Tips
🏠 台北市永康街60号　🕑 14:00—22:00　🚇 乘地铁新店线在古亭站4号和5号出站口出站后步行大约10分钟即达

03 金石堂书店
● ● ● 台湾知名的书店 ★★★★★

位于永康街口的金石堂书店毗邻鼎泰丰，5层高的书店内不论流行图书、金融书籍、社科图书还是期刊，都可以寻觅到，吸引了众多爱书人来这里淘书，或逛街之余在此翻看当季最新的期刊。此外，金石堂每年还会举行各种规模和不同主题的促销活动。

Tips
台北市信义路二段196号　02-2323-3361　10:00—22:00　乘地铁新店线在古亭站下车后步行至永康街口即达

04 师大路夜市
● ● ● 年轻人出没的热闹夜市　75分！ ★★★★★

Tips
台北市龙泉街　17:00—24:00　乘地铁新店线在台电大楼站出站后步行即达

位于台湾师范大学周边的师大路夜市是当地学生经常去逛的一处夜市，因师大路夜市以龙泉街为中心逐渐向外扩展，故而又名龙泉夜市。在师大路夜市可以品尝到各式美食，如可丽饼、红豆饼等，也可品尝到大量台湾本地的小吃。

除了各种美味小吃外，师大路夜市上还有各种贩卖服饰、鞋类和小饰品的摊位，宛如日本东京原宿最负盛名的竹下通一般，吸引了大量年轻人来此寻觅自己中意的商品，即使到了午夜时分依旧热闹非常，周末、节假日更是人头攒动。

05 乐华夜市
● ● ● 颇具地方特色的夜市 ★★★★★

Tips
台北市永和市永平路、保平路十八巷、保福路一带　16:00—次日凌晨1:00　乘地铁新店线在顶溪站出站后步行即达

位于永和市永平路与保平路十八巷、保福路一带的乐华夜市不同于台北大都会的夜市，虽然每到夜晚也是灯影交织，人头攒动，但乐华夜市颇具永和的地方特色。夜市内除了各式台湾小吃和美食商店外，还有大量经营皮货、服饰的摊贩，当然更少不了永和最具特色的豆浆，吸引了众多市民和外地游客，在夜幕低垂、华灯初上的时候边走边逛，感受乐华夜市的独有魅力。

好吃 EAT

01 公馆夜市
●●● 充满年轻人活力的夜市 ★★★★

台北有名的夜生活美食场所公馆夜市主要是以罗斯福路、台湾大学门口、汀州路、水源市场、东南亚戏院一带为范围，分布着各种小吃店。因为属于学区型商圈，所以每到夜晚18:00到24:00，全年无休的公馆夜市到处可见年轻学子携伴一同到此逛街、看电影、品尝小吃。这里的小吃便宜、分量又足，大部分都在50元新台币以下，即使大胃口的学生族也不会因为吃太多而囊中羞涩。很多"小吃达人"都是公馆夜市的拥趸，还有一部分是从学生时代开始一直到毕业多年依然"痴迷不减"的老食客，他们说："别的夜市有的，公馆夜市都有；别处没有的，这里也有。不来就太吃亏了。"这里吃喝玩乐项目丰富，包括川菜馆、小吃、面点、甜食、冰果饮料等，还有唱片行、休闲服饰店、书店等，不怕吃撑了没地方消化一下。除了小吃之外，这里还是一个寻找特殊且平价商品不能错过的淘货好去处。

推荐的小吃有：用东港黑鲨肉加冰加盐用手工制作而成的佳兴鱼丸，口感细腻，内馅选用猪后腿肉、虾米、葱，搭配得宜；每到出炉时，香气总是吸引食客大排长龙的公馆炭烧胡椒饼，内馅采用黑猪肉，葱花则不惜成本选择宜兰葱，面团制作也有独特研究，使得胡椒饼外酥内多汁，买回去馈赠亲友最好不过；此外还有蓝家割包、车轮饼、青蛙撞奶、龙潭豆花、兄弟面线、小李猪血糕等，保管你吃不过来。

Tips
🏠 台湾台北市罗斯福路台湾大学对面　⏰ 17:00—23:00　🚇 乘地铁新店线公馆站3号出口出站后步行3分钟即达

02 易牙居点心坊
●●● 各式做工精致的点心 ★★★★

位于台北市长春路的易牙居点心坊专门提供各式做工精致的中式面点，除了杏仁豆腐、蟹黄虾仁烧卖等各式常见的面点外，还有大量独创的点心款式，例如色泽明亮诱人的碧绿韭菜饺就色香味俱全，是众多食客老饕的最爱。

Tips
🏠 台北市长春路20号　☎ 02-2522-1198　⏰ 11:00—14:30, 17:00—21:30　🚇 乘地铁淡水线在中山站出站后步行大约10分钟即达

03 台一牛奶大王
知名的甜品老字号 ★★★★

开业已超过半个世纪的台一牛奶大王，夏天经营各种刨冰，冬天则可以在这里吃到汤圆、馄饨汤等美味，堪称一家"冷热通吃"的甜品店。由于台一牛奶大王毗邻台大，因而在半个多世纪的时间里已经成为无数台大毕业生大学回忆的一部分，经常可以看到他们回到这里品尝各种牛奶冰和汤圆，回忆学生时代的味道。

- 台北市新生南路三段82号　02-2362-3172
- 11:00—24:00　乘地铁新店线在公馆站3号出口出站后朝台大方向步行大约10分钟即达

05 鼎泰丰
世界闻名的小笼包名店 ★★★★

位于台北市忠孝东路的鼎泰丰虽然是分店，但用餐空间却比信义路拥有30余年历史的总店更加宽敞明亮，座位很多。鼎泰丰的小笼包以皮薄馅足和肉汁丰富著称，一口咬下不仅肉香四溢，更是汤汁四射，其滋味令吃过的人感到回味无穷。曾被《纽约时报》评选为世界十大美食餐厅，绝对是游客在台北品尝小笼包的首选，不可错过。

- 台北市忠孝东路四段218号；台北市信义路二段194号（总店）　02-2321-8928　10:00—14:00，16:00—22:00　乘地铁新店线在古亭站3号出站口出站后步行大约5分钟即达

04 永康街高记
正宗上海小笼包 ★★★★

位于台北市永康街上的高记是一家在台北颇为知名的老字号餐馆，食客在经营上海点心的永康街高记内可以品尝到超过160种各式上海点心，其中最为著名的就是正宗上海小笼汤包。此外，这里的上海生煎包也非常有名，是在永康街逛街之余不可错过的一道美味。

- 台北市永康街3号　02-2341-9984
- 11:00—22:30　乘地铁新店线在古亭站出站后步行大约15分钟即达

06 永康15
芒果刨冰的始祖 ★★★★

位于台北市永康街的永康15是一家在台北颇有名气的甜品店，在台湾大受欢迎的芒果刨冰最初就是源于这家店。永康15最受年轻人喜爱的就是用切成大片的芒果为配料制成的芒果刨冰，美味程度从店门前排起的长龙就可看出，而最具代表性的新鲜芒果牛奶刨冰更是人气超高。

- 台北市永康街15号　02-2394-8279
- 10:30—23:00　乘地铁新店线在古亭站下车后沿信义路步行20分钟即达

台湾
攻略HOW

Part.3
台北南门市场

南门市场堪称台北美食圈的奇景,是全台北市唯一一家以大陆江浙菜闻名的市场,所以是一处比较繁荣的市场。

台北南门市场 特别看点！

第1名！
台湾艺术教育馆！
100分！

★ 台湾最著名的艺术教育类场馆！

第2名！
济南教会！
90分！

★ 台北少见的哥特式建筑！

第3名！
南门市场！
75分！

★ 各种老字号店铺随处可见！

好玩 PLAY

01 爱国东路婚纱街

●●● 洋溢甜蜜爱情的婚纱一条街 ★★★★

Tips
🏠 台北市爱国东路 🚇 乘地铁淡水线在中正纪念堂站5号出站口出站后即达

婚纱街位于台北市爱国东路，最初是因为常有新人来附近拍摄婚纱照，周围逐渐开始出现婚纱摄影公司，现今短短500米的街道两侧林立着各式风格的婚纱店，店名大多充满浓郁的欧陆风情，"雅典"、"角色"、"法国巨星"、"香榭大道"等店名随处可见，整条街洋溢着浪漫的气息。

02 历史博物馆
中华文化和历史的宝库 ★★★★

Tips
- 台北市南海路49号 ☎ 02-2361-0270、2331-1086 ¥ 20元新台币 ⏰ 10:00—18:00
- 乘地铁新店线至中正纪念堂站1号和2号出口即达

台湾历史博物馆创立于1955年,它位于南海学园文教胜区,是一座以收藏、展示中原地区文物为主的公立博物馆。博物馆主体建筑融合了明清时期的建筑风格,绿瓦白墙红柱,显得瑰丽典雅。馆舍的1、4楼是特别展区,2、3楼为常设展区,分别展出唐三彩和以中华通史为主题的文物。

博物馆内的藏品主要是1956年7月至1957年春接收的原河南博物馆迁台文物,以及战后日本归还的文物,其中包括河南新郑、辉县及安阳出土的铜器,洛阳地区出土的先秦绳纹陶、汉代绿釉陶、六朝舞乐俑、唐三彩等,其时间跨度足有3000多年,共计5万余件。藏品除了商朝以来河南一带的古代文物以外,还有部分台湾出土的早期文物。

另外,自20世纪90年代开始,博物馆定期与知名博物馆、民间机构合作推出大型特展,在世界考古界广受关注。

03 植物园
台北人记忆中的一部分 ★★★★

Tips
- 台北市中正区南海路53号 ☎ 02-23039978
- ⏰ 9:00—17:00 乘地铁新店线至中正纪念堂站1号出口出站后,沿南海路步行大约10分钟即达

台北市植物园建于1921年,从开园起就成为台北人美好记忆的一部分。城市中的人们闲时来此驻足小憩,不论夏天的荷花、冬日的落叶,都别有一种动人的韵味。台北市植物园附属于林业试验所,在"二战"前,园内已栽种1120种植物,其中大半为国外引进的珍稀物种,对于台湾地区的学术研究及自然科学教育做出过极大贡献。第二次世界大战期间,园区曾遭受浩劫,树木枯损殆尽。后来园区被重新整理,同时引进国外树种栽植。如今园区内建筑与植物种类已远超以往盛况,植物种类多达千余。

植物园分为17个展示分区,分别展示各类植物。植物园中的水塘依照展示目的和植物种类、用途分成9个大区,并引进大量的世界主要水生植物,建成了具有多样性的水生植物池。由于台北市建筑密集、人口众多,植物园区内自然成为市民常去休憩踏青的场所。

04 台湾艺术教育馆 (100分!)
推动台湾艺术教育的展馆 ★★★★

Tips
- 台北市中正区南海路47号 ☎ 02-2311-0574
- 周一至周日9:00—17:00 乘地铁新店线在小南门站下车

台湾艺术教育馆始建于1957年,位于台北市南海路的植物园旁边,是一所以推广、研究和辅导艺术教育为目标的综合性社会艺术教育设施。这里的艺术藏品主要以书法、绘画作品为主,大多数都是由美术家捐赠的。

台湾艺术教育馆由中型演艺厅、南海学园馆本部艺廊及中正艺廊三大部分组成,其中演艺厅总面积为479平方米,1楼设有观众席530位,2楼有127位;艺廊总面积240平方米,可以提供优良的设备以供艺术工作者从事创作和筹办多类型的艺术活动。艺术教育馆还为许多有潜质的艺术从业者提供免费展出的机会,并经常举办各类美术展览、大专院校艺术科系教授与学生美术展,并配以薪传奖,承办各种传统工艺作品等展览。另外,这里还经常举办一些艺术教育讲座,并出版有《艺术教育简讯》、《美育》双月刊、《美术年刊》等艺术杂志。

05 杨英风美术馆
欣赏当代台湾艺术大师的作品 ★★★★

位于重庆南路的杨英风美术馆是台湾当代艺术大师杨英风亲自设计的，空间上融合了中国美学形虚质实的观念，馆内的空间充满了中国庭园的含蓄之美。游客在美术馆内可以欣赏杨英风不同时期的作品，剪纸、素描、石墨、石雕、铜雕和不锈钢雕塑等，多元化的艺术作品充满东西方艺术融为一体的和谐美感，堪称当代艺术的殿堂。

Tips
- 台北市重庆南路二段31号　02-2396-1966
- 11:00—17:00　乘地铁新店线在中正纪念堂站1号出口出站后，沿南海路步行大约10分钟即达

06 长荣海事博物馆
丰富的海事文物珍藏 ★★★★

Tips
- 台北市中山南路11号　02-2351-6699
- 9:00—17:00　乘地铁新店线在中正纪念堂站6号出口出站后步行大约10分钟即达

位于中山南路的长荣海事博物馆是台湾规模最大的海事博物馆，共分为5层，馆内展出由长荣集团总裁张长荣花费20余年时间从世界各地搜集的海事文物珍品，其中泰坦尼克号沉没前遇难乘客所写的木片遗书原件更是堪称珍品，吸引众多游客观看。此外，博物馆内还有各类先进的多媒体展示，令游客能够了解各种与航海相关的知识。

07 邮政博物馆
邮政主题博物馆 ★★★★

Tips
- 台北市重庆南路二段45号　02-2394-5185
- 5元新台币　9:00—17:00　乘地铁新店线中正纪念堂站1号出站口出站后步行大约5分钟即达

邮政博物馆是一座藏品十分丰富的专业博物馆，这里展现了邮政事业的悠久历史以及它在通政、通民、通商中的重要地位、发展历程及在传播文化方面所起到的重要作用。邮政博物馆的1楼是售票处与服务台，展出邮品及仿古物品，游客可以在这里购买到有趣的纪念品。2楼是"历史之部"，这里以翔实的文字资料和珍贵的文物，介绍自先秦以来中国古代社会的邮政历史，还有许多被载入诗史的艺术作品的邮政故事。3楼则是介绍清末以来中国新式邮政的发展历程，并展出了历年来邮政事业所使用的机器与工具，这里还陈列着其他国家的邮政物品与文字资料。4楼则是儿童游园区，用生动活泼的方式介绍台湾邮政事业的发展与各种邮政业务，小朋友们可以通过角色扮演及有趣的互动游戏学习到各种邮政知识。5楼是集邮区，这里汇聚了世界各地五花八门的各种邮票，让人叹为观止，其中最珍贵的则是世界第一批邮票"黑便士"中的一枚，而这里英属圭亚那的一分邮票则是全世界仅存的一枚。6楼为"特展室"，在各种庆典、新邮品发行以及民俗节日时举办专场展览。7楼则是"邮政专业图书室"，有各种邮政书籍，且阅读环境良好，是学习邮政知识的好地方。8楼以上是博物馆办公的地方。

08 台北宾馆
旧时日本总督的官邸　★★★★

位于公园路与凯达格兰大道交会处的台北宾馆始建于1899年，是一幢仿巴洛克后期风格的华丽建筑，其前身曾经作为日据时期日本总督的官邸，二战结束后改为台北宾馆，并作为地方招待所。整体建筑精细美观的台北宾馆作为台湾日据时期的建筑代表作之一，被誉为台湾现存最典雅的欧洲巴洛克式住宅，被评为台湾20世纪十大建筑之一。

Tips
- 台北市凯达格兰大道1号　02-2348-2999
- 乘地铁淡水线在台大医院站1号出口出站，步行10分钟即达

09 "总统府"
凯达格兰大道的地标建筑　★★★★★

Tips
- 台北市重庆南路一段122号　02-2311-3731、2331-1604　免费　9:00—17:00
- 乘地铁淡水线至台大医院站下车后，沿二二八公园步行约15分钟即达

建于1919年的"总统府"面对凯达格兰大道，是一幢充满欧洲文艺复兴风格的欧式建筑，深红色的外观庄重典雅。在日据时期，"总统府"曾经是台湾总督府所在地，第二次世界大战结束后一度成为"总统府"的所在。现今"总统府"内部分区域对游客开放，而一些大型活动也会在附近举行，堪称凯达格兰大道的标志性建筑。

10 司法大厦
淡绿色的庄严建筑　★★★

Tips
- 台北市重庆南路一段124号　02-2361-8577
- 免费　乘地铁淡水线台大医院站出站后步行10分钟即达

司法大厦位于台湾台北市，为台湾"司法主管部门"的官署所在。这座过渡形态的现代主义建筑兴建于1929年，1934年落成，设计建造者为当时的台湾总督府所属技术官僚井手薰。20世纪50年代，这里成为台湾"司法主管部门"与台湾"高级法院"所在地，20世纪80年代左右，"高级法院"搬离，该大厦成为"司法主管部门"及大法官会议办公处所，并于1998年被台湾行政部门定为古迹。

作为井手薰的作品之一，司法大厦因其权威性，建筑特色略为不同。由于在司法大厦建构设计的20世纪30年代，现代建筑主义兴起且渐渐盛行，受此影响，该建筑虽仍有文艺复兴式的华丽，但在外观与饰带上已呈现出过渡型的平实。外观方面，该建筑物为RC结构，分作上下两部分，一楼为地面层和突出屋顶式的门廊。此部分采用加厚处理，具有相当的权威感。二、三楼则为外壁贴有北投产绿色釉面砖的平实建筑。司法大厦的最大特色在于高达31.8米的中央高塔屋顶呈波形曲线，这种小八角形尖顶的塔形建筑一般称为帝国冠帽或兴亚式屋顶。除此之外，该建筑也有山墙和少部分日本传统纹饰。总的来说，外观拥有拱圈、篮式柱头、折线建筑装饰的司法大厦，多少还是模仿了罗马建筑的风格。建筑物内部的最大特色在于楼梯间的两侧均有硕大的八角形柱子，且饰以大理石，这是台湾（花莲）的大理石首次实际运用到大型建筑物当中，具有相当的象征意义。

11 济南教会

神圣庄严的红砖教堂　　90分！　★★★★

始建于1916年的济南教会由基督长老教会创建，是一幢英国哥特式红砖建筑，大门玻璃及拱窗的石砌边框凹凸有致，雕刻精美，充满维多利亚时代乡村建筑的独有魅力。教堂钟楼正面的石片羽板窗宛如百叶窗一般，造型优美，光线透过石板和玻璃间的缝隙洒在教堂内，充满神圣庄严的气氛。

Tips

🏠 台北市中山南路3号　🚇 乘地铁淡水线在台大医院站1号出口出站后步行10分钟即达

12 台湾博物馆

台湾最早成立的博物馆　★★★★★

台湾博物馆不但是台湾最早成立的博物院，其建筑也颇有历史价值。它成立于1908年，位于二二八和平公园内。这里原本是清代台北大天后宫的所在地，日据时期被日本当局拆除，改建为博物馆和公园，一直到抗战胜利后才正式更名为台湾博物馆。

博物馆的外表是典雅庄严的仿西洋式建筑，建筑平面呈"一"字形，正中的入口仿自希腊神庙，山墙上装饰有华丽的花叶纹饰。进入大厅之后，可以看到32根柯林斯式柱环绕着大厅，两翼的展览室左右对称，整个建筑显得整齐又大方。

尽管已经过去了一个世纪，台湾博物馆仍保持着当年创馆时的规模。博物馆设有人类学、地理学、动物学、植物学及推广组五个研究组，主要研究台湾的本土文化历史、生物物种及自然现象。不过因为博物馆主馆年代久远，目前正在计划进行扩建。

Tips

🏠 台北市中正区襄阳路2号　☎ 02-2382-2699
￥ 20元新台币　🕙 10:00—17:00　🚇 乘地铁淡水线台大医院站下；乘236、251、605、605（快）、605（副）、605（新台五线）路公共汽车馆前路站下

13 台大医院

漂亮的红砖大医院　★★★

台大医院创建于1895年，院址初设于台北市大稻埕，1898年迁至现址，当时为木建筑，1912年开始整建为文艺复兴风格的热带式建筑，1921年完工时是当时东南亚最大、最先进的医院。同许多建筑物一样，台大医院也使用了红白相间的横带装饰。从建筑正面来看，为符合医院的需要，一楼由四对柱子撑起的门廊向外突出，宽度可容车辆进入，柱子是仿古罗马塔司干柱式（Tuscan Order），简洁而大方。大门两旁的窗台，设计有涡卷状托架装饰，并有勋章式的饰纹。而二楼的窗户两旁均设计有饰柱，式样仿自希腊的复合柱式，配以逼真的葡萄装饰，显得别致而富有力度。建筑物的楼顶设计有一座尖塔，不过由于位于建筑后部，且建筑纵深度大，从正面较难看到。

创建至今百余年来，台大医院培育人才无数，包括医学生、专科医师、药师、护理人员及技术人员等，现今分布于全球各地，表现优异。在医疗服务上，台大医院的临床医疗品质更是闻名遐迩，备受患者及家属信赖。同时，在肝炎诊疗、器官移植、癌症诊断治疗及生医光电上的前沿研究成果，也使得台大医院获得国际的肯定，享有盛名。医院始终致力于推动国际合作，学习借鉴各先进国家医疗发展的经验与知识，促进台湾医疗的蓬勃发展。

Tips

🏠 台北市常德街1号　☎ 02-2312-3456　￥ 免费
🕙 9:00—18:00　🚇 乘地铁淡水线台大医院站2号出口出站后步行1分钟即达

好吃 EAT

01 南门市场
●●● 台北美食圈的奇景
75分!
★★★★

作为台北市唯一一家以内地江浙菜闻名的市场,南门市场堪称台北美食圈的奇葩,市场内最引人注目的就是这里各家腊味店门口一字排开的各式火腿、腊肠、鱼干等。在南门开业已有半个世纪之久的老字号"上海火腿公司",则以甘蔗皮烟熏制成的腊肠、肝肠、火腿而闻名,充满淡淡甜香的腊味肥瘦均匀,拥有众多回头客。

Tips
- 台北市罗斯福路一段8号 02-2321-8069
- 8:00—18:00 乘地铁淡水线在中正纪念堂站2号出口出站后即达

02 明星咖啡馆
●●● 台北知名的老字号面包店
★★★★

Tips
- 台北市武昌街一段7号 02-2331-7370
- 8:00—20:30 乘地铁淡水线在台大医院站4号出口出站后步行10分钟即达

明星咖啡馆是一家在台北颇为知名的老字号面包店,几十年来一直以传统俄式面包、蛋糕作为招牌商品。店内传统的老式门面、橱柜以及餐盒都带有浓浓的怀旧气息,俄式核桃糕、招牌俄罗斯软糖都是这里颇受食客欢迎的美味。经常可以看到不少人光顾,排队购买自己中意的甜品后打包带走。设计古朴的餐盒上装饰着7颗围绕数字"7"的星星图案,据说这是从开店就一直沿用至今的设计。

Part.4 台北中山

中山北路一带是台北公认的"最好逛"商业区之一,沿街有大量充满个性的商家和美味餐厅,让人流连忘返。

台北中山 特别看点！

第1名！
光点台北！

100分！

★ 讲述古迹和电影交织的魅力！

第2名！
霞海城隍庙！

90分！

★ 台北供奉神像最多的城隍庙，欣赏盛大祭典！

第3名！
宁夏路夜市！

75分！

★ 台北夜市的起源！

好玩 PLAY

01 光点台北
环境舒适的艺术沙龙　100分！

Tips
- 台北市中山北路二段18号
- 02-2511-7786
- 免费
- 11:00—24:00
- 乘地铁淡水线中山站4号出口出站后步行大约5分钟即达

　　位于中山北路的光点台北，前身是"美国大使馆"官邸，现在被定位成以电影文化为主题的人文空间。那白色的主体建筑分作三层，被称之为"台北之家"，充满了艺术气息，其中一层是Cafe25和以电影为主题的诚品书店，二层是红气球餐厅，三层是用于讲座或展览的多功能厅。而之前"美国大使馆"的车库则被改建成可容纳88人的电影主题馆，每天播放6部另类且具有原创观点的独立电影，吸引了大量喜爱电影的艺术青年前往。

02 霞海城隍庙
百余年历史的城隍庙

90分！

Tips
- 台北市迪化街一段61号
- 02-2558-0346
- 免费
- 8:00—17:00
- 乘地铁淡水线在中山站出站后步行10分钟即达

位于台北市大同区的霞海城隍庙建于清咸丰九年（1859），是大稻埕一带的重要信仰中心，迄今已有150年历史。霞海城隍庙内除了主祀城隍爷，另旁祀城隍夫人、月下老人、八司官、文武判官、范谢将军、八将、马使爷及义勇公等呈阶梯形由上而下排列，总计约有600余尊各式神像。

霞海城隍庙自建成以来经过多次整修，但从未扩建，庙宇是最简单的传统单殿式建筑，其菜刀形的建筑外观表示城隍爷在判案时可以当机立断，同时刀口朝向淡水河也可劈开恶鬼煞气，有镇邪止煞的功能。

每年农历五月十三日的城隍圣诞时，信徒都会举行各种迎神赛会来酬谢城隍爷的庇佑，是台北市内最热闹的庙会活动之一。

03 台北当代艺术馆
最新的现代艺术美术馆

位于台北市长安西路的台北当代艺术馆外观典雅，其前身是日据期间建成的小学校舍，"二战"后曾作为台北"市政府大楼"，1994年由台北市美术馆进行整修并规划后更名为台北第二美术馆，之后于2001年正式定名为台北当代艺术馆。现今的前卫且悠然的欧风及日式建筑风格，塑造了当代艺术馆独特的融合度与迷人样貌，俨然成为台北人文地图上的新地标。

以向台北市民介绍现代艺术为建馆宗旨的台北当代艺术馆分为常设展区和专题展区两大部分，完美地结合了艺术、古迹和科技，把创意带进台北、把艺术带进社区、把科技媒材带进历史建筑的新生命，吸引了大量当代艺术爱好者前来参观。

Tips
- 台北市长安西路39号
- 02-2552-3721 50元新台币
- 10:00—18:00
- 乘地铁淡水线中山站1号出口出站后步行大约5分钟即达

好买 BUY

01 中山北路名品街
台北著名的名牌街 ★★★★

> **Tips**
> 📍 台北市中山北路二段 🚇 乘地铁淡水线在中山站4号出口出站后沿南京西路左转中山北路，步行5分钟即达

由于中山北路二段沿街林立着众多国际饭店，因而逐渐发展成台北知名的名牌街，LV、GUCCI、Chanel、Coach、YSL等国际知名品牌的台北旗舰店纷纷入驻中山北路，其中全球第五家，也是台湾唯一的LV Maison寰宇店更是拥有四层楼的营业面积。店内设有除巴黎店外全世界唯一的LV书店，追求时尚名品的人可不能错过。

02 林田桶店
百年历史的传统手工木桶店 ★★★★

创立于1928年的林田桶店是全台北唯一仍在营业的传统手工木桶店，林田桶店的第一代老板林相先生曾经在日据时期被日本人赞誉为"台湾桶王"，现今依旧有许多外国观光客慕名而来。店内面积不大，随处可以看到堆放在一起的饭桶、水桶、米桶、方形大蒸笼等各种木桶，上好的杉木和木香以及店门上古老的招牌都给人一种穿越时光的感觉。

> **Tips**
> 📍 台北市中山北路一段108号 ☎ 02-2541-1354
> 🕐 10:30—20:30 🚇 乘地铁淡水线在中山站3号出口出站后步行大约10分钟即达

03 迪化街
历史悠久的繁华商街 ★★★★

Tips
- 台北市大同区迪化街
- 02-2720-8889
- 乘地铁淡水线双连站下

迪化街通常指迪化街位于台北大桥以南的一段，向来以丰盛的年货商品闻名全台。清咸丰六年（1856），迪化街便有了商业街的雏形。两年后，泉州同安人的商铺在迪化街纷纷建起分号，形成"中街"。商业街上的货品渐渐地以南北杂货、茶行为主，之后米业和布匹、中药等也逐渐占有一席之地。20世纪70年代，迪化街在地方当局的帮助下进行了道路拓宽，房屋的外观也有了极大的改变，从朴实的闽南式店铺变成繁复华美的巴洛克式装饰，形成了今天的格局。

现在的迪化街依然是南北货、中药和布匹批发商集中的这三大行业中最大的批发零售市场，也是台北市现存最完整、最具历史意义的老街。走进迪化街就仿若走进历史的长廊，街边商家的外观都保持着"大正时期"的巴洛克式奢华装饰，勾勒出台湾商业发展史的轮廓。

04 永乐市场
汇集上百家商铺的布料市场 ★★★★

Tips
- 台北市迪化街一段21号2—3F
- 9:00—18:30
- 乘地铁淡水线双连站出站后换乘206、274、518、669路巴士在南京西路口站下车后步行大约5分钟即达

位于台北市迪化街上的永乐市场是台湾最大的布料市场，市场二层摆满五颜六色的布料，上百家店铺散布其间，可以买到各式各样的布料，其中不乏专营旗袍布料的商店。顾客在二层挑选到称心如意的布料后可以就近拿到三层的裁缝店内量身定做，或是制作各种坐垫、桌布等物饰，或是在设计师的帮助下自行设计自己中意的款式，创作充满个人元素的东西。

永乐市场中不仅可以淘到便宜又美观的布料，周围的小巷中更有许多美味等待游客发掘。油饭、鸡肉卷、旗鱼米粉、芋粿巧、杏仁茶……琳琅满目的台湾小吃注定让人难忘。

好吃 EAT

01 六条通
● ● ● 台湾日本风味料理　　★★★★

位于中山北路一段和林森北路交会处的六条通在日据时代曾经是日本人和当时台湾各界名流居住的地方，"二战"之后随着与日本贸易往来日渐频繁，六条通沿街林立着众多酒吧、卡拉OK等店铺，入夜后宛如东京歌舞伎町一般灯影交织。此外，六条通上还林立着大量纯正日本风味的料亭、居酒屋，以及日本观光客喜爱的旧式台菜馆，是一条日式和台湾风情混搭的美食街。

Tips
- 台北市中山北路一段
- 乘地铁淡水线在中山站3号出口出站后步行10分钟即达

02 京鼎楼
● ● ● 口碑极佳的美味　　★★★★

Tips
- 台北市长春路47号　☎ 02-2523-6639
- 11:00—14:30，17:00—24:00
- 乘地铁淡水线在中山站出站后步行大约10分钟即达

位于台北市长春路的京鼎楼以小笼包闻名，这里的小笼包不但皮薄馅足，肉汁丰富，而且吃多少都不会感到油腻，颇受食客的喜爱。除了美味可口的传统小笼包外，京鼎楼的蔬菜蒸饺和加入芋头的小笼包，以及清蒸鸡汤，也都是拥有众多回头客的招牌美味，绝对不可错过。

03 宁夏路夜市

复苏的美食世界

75分!
★★★★

　　宁夏路夜市位于台北市西部的老社区大同区内，在南京西路、民生西路、重庆南路围起来的空间里，一度是台湾美食杂志包括网络争相报道的夜市。虽然前些年生意沉寂，但现在已开始复苏。这里有很多老字号食肆，堪称平民美食的天堂。从过去繁华的圆环开始，到重庆南路、南京西路上，一到晚间，休息的银行商号门口、大楼的小巷子前，处处都有小吃摊，其中以大同区圆环附近最让老台北人津津乐道，号称全台最大的纯日式料理摊贩也在这里。夜市还将人车分道，方便民众吃饭与购物，这种贴心的服务也是吸引大家来这里消费的原因。

　　宁夏路的小吃可能是台北各个夜市中最多样化的，众多的传统台湾小吃充分展示了这个老市区浓浓的海岛风味，香喷喷的卤肉饭和鸡肉饭、清甜鲜美的蚵仔煎和大肠蚵仔面线、现炒入味的沙茶牛肉、滋补养颜的猪肝汤、来自府城的台南碗粿、色拉鱼卵、吴郭鱼汤等，都让人忍不住食指大动。吴郭鱼汤、鸡肉饭等都是美食报道、网络传赞的著名小吃。夜市的另一段则以各式百货摊贩为主，有许多新奇好玩的杂货和玩具，99元新台币可以买个趣味小玩意，增添逛街的乐趣，价格不贵，颇具流行感。在饱尝美食之余，不妨也来走走逛逛。

Tips
台北市宁夏路　18:00—24:00　乘地铁淡水线中山站出站后步行5分钟即达

04 欣叶餐厅

引领台湾美食界的老字号

★★★★

　　欣叶餐厅是备受台北当地人称道的餐饮名店，即使在内地也是颇为知名，被视为台湾美食街的代表之一。位于南京西路的欣叶餐厅，店内用餐环境宽敞明亮，菜式种类极其丰富，菜单上拥有超过400种各式美味，其中干贝蒸墨鱼丸和台式奄列（将不同食材和打好的鸡蛋一起煎成的蛋卷）很受食客欢迎。

Tips
台北市南京西路12号新光三越南京西路店8F　02-2523-6757　11:30—16:30，17:00—21:30　乘地铁淡水线中山站3号出口出站后即达

台湾
攻略HOW

Part.5 台北圆山

圆山是一处适合观光的地区,周围有台北故事馆、市立美术馆、圆山大饭店、林安泰古厝等景点。

台北圆山 特别看点！

第1名！ 台北孔庙！

100分！
★ 建于清光绪年间，采用了和曲阜孔庙一样的布局和结构！

第2名！ 圆山大饭店！

90分！
★ 装潢富丽豪华，金碧辉煌，被台北人称为"龙宫"！

第3名！ 林安泰古厝！

75分！
★ 现今台北保存最完整的古厝建筑！

 好玩 PLAY

01 台北市美术馆
台湾首座现代美术馆 ★★★★

Tips
- 台北市中山北路三段181号　☎ 02-2595-7656
- 全票30元新台币，学生票15元新台币　周二到周日9:30—17:30　乘地铁淡水线到圆山站出站后沿酒泉街步行，左转中山北路，约10分钟即达

台北市美术馆是台湾第一家现代美术馆，于1983年12月24日正式开馆，坐落在台北市中山区中山二号公园内，造型宏伟别致，富有现代感。除了展馆外，美术馆的餐饮部、视听室、研讨厅、影片放映室、美术图书室等都可供民众使用。

台北市美术馆收藏了3000多件作品，主要分为13类，包括雕塑、版画、油画、素描等。这些藏品大多是1940年之后台湾本地的艺术作品，不过馆内收藏也在与时俱进，1980年代以当代水墨画为主轴，1990年代版画与媒体艺术成了主要的展览重心，21世纪的数码电子艺术和当代经典产品设计展览也在这里相继举办。从1998年开始，台北市美术馆开始举办"台北双年展"，到目前为止已经举办了七届。

台北市美术馆的功能不仅仅是举办艺术展览，它还肩负着搜集和典藏台湾美术发展的代表性作品、研究美术学术、推广美术教育的职责。

02 台北故事馆
宛如童话世界的文物馆

Tips
- 台北市中山北路三段181-1号 ☎ 02-2587-5565
- ¥ 30元新台币　⏰ 10:00—18:00　🚇 乘地铁淡水线在圆山站出站后步行大约5分钟即达

位于中山北路的台北故事馆，其前身是由台北大茶叶贸易商陈朝骏先生于1914年为接待台湾士绅、政要和商人而修建的一所都铎王朝风格的西洋建筑，其仿半木构造的建筑外观温馨典雅，充满童话世界的氛围，又被称为"圆山别庄"。

台北故事馆现今作为展出与台北市历史相关文物的乡土资料馆，每年都会不定期举办各种以台湾民俗文化为主题的展览活动，是一处介绍台湾生活文化和推广古迹的迷你型博物馆。

03 儿童游乐中心
小朋友最爱的去处

儿童游乐中心的前身是圆山儿童乐园和动物园，从1934年营运至今，一直是台北小朋友的最爱。游乐园内分为展示台湾民俗的"昨日世界"、介绍科学知识和太空剧场的"明日世界"，以及"游乐世界"三部分，入口处设有滑梯、小迷宫和休憩区等设施，园内则拥有摩天轮、咖啡杯、旋转木马、飞椅等游乐设施，是众多台北市民共同的童年回忆。

Tips
- 台北市中山北路三段66号 ☎ 02-2593-2211
- ¥ 30元新台币，奇幻剧场100元新台币，儿童科学馆50元新台币　⏰ 周二到周日9:00—17:00，每周一和除夕休息　🚇 乘地铁淡水线在圆山站2号出口出站后步行大约15分钟即达

04 台北孔庙
庄严肃穆的孔庙

位于台北市大龙街的台北孔庙始建于清光绪五年（1879），庙中主祀儒家至圣先师孔子，以及历代先贤大儒。台北孔庙建筑朴素，以大成殿为核心，屋顶上有一对圆筒名为藏经筒，是为纪念古代读书人的爱书精神；此外，屋顶上还有枭的雕饰，相传枭非常残暴且不孝顺，却被孔子施以教化，因而大成殿屋顶上的枭雕饰表示孔子"有教无类"的精神；而孔庙内所有的柱上都没有任何文字，据说是表示无人敢在至圣先师门前卖弄文章。

作为至圣先师的孔子被视为学问之神，经常可以看到年轻人在这里祈愿考试合格或者学业进步，而每年农历九月二十八日孔子诞辰日这天也是台湾当地的教师节，当天清晨孔庙内会举行隆重的祭孔大典，在大成殿外也有学生表演八佾舞来表达对孔子的崇敬。祭典过后，会有许多人争着为子女或自己拔智慧毛，象征祈求子孙增长智慧、求学过程顺利。

Tips
- 台北市大龙街275号 ☎ 02-2592-3934 ¥ 免费 ⏰ 周二至周六 8:30—21:00，周日及法定假日 8:30—17:00 🚇 乘地铁淡水线圆山站2号出口前行约8分钟即达

05 临济护国寺

不可错过的日式寺院建筑 ★★★

位于圆山公园西侧的临济护国寺坐东朝西，是台湾现存的日据时期木建筑物中兴建年代最为古老的代表，也是台北市的市级古迹。

此庙是日本僧人梅山玉秀于1900年所建，直到1911年才正式完工，是当时台湾地区唯一一座冠名护国寺的寺庙。临济护国寺属于佛教禅宗中的临济宗妙寺派，山号镇南山，既是日本佛教在台湾传教的重要据点之一，也是日本侵略者企图奴化台湾人民的重要罪证。临济护国寺历经多年的风风雨雨，在2007年曾大修过一次，并恢复了日据时期大雄宝殿的原貌。

临济护国寺周围则有先民大砥石、开山始祖墓、石雕佛像等颇具历史价值的文物。寺庙的附属建筑物大都损毁，只有山门、大雄宝殿等部分建筑保存至今。山门处有两只石狮，脚踩着圆球，意为有求必应，过往的游客大都会摸上一摸。巍峨庄严的大雄宝殿是栋日式仿宋伽蓝式佛教殿堂，主体是木架构重檐歇山顶式建筑，建筑在高高的石台阶之上，四周围有石栏杆，屋顶则覆有日式建筑物中常见的黑色瓦片。大殿内还供奉着三尊释迦牟尼佛像。庙内的大砥石相传是2000多年前先民的磨刀石，并刻有"无任生心"四个繁体字供人赏析。后山上还有许多遗留至今的石刻雕像，这些雕像深受日本石刻风格的影响，颇具异国情趣。

Tips

🏠 台北市酒泉街27号　💰 免费　🕐 6:00—18:00
🚇 乘地铁淡水线圆山站出站后步行大约5分钟即达

06 保安宫

祭祀医学之神的古刹 ★★★★

Tips

🏠 台北市哈密街61号　☎ 02-2595-1676　💰 免费
🕐 7:00—20:00　🚇 乘地铁淡水线至圆山站下，由库伦街转大龙街，行约15分钟

位于台北市哈密街的保安宫创建于清乾隆七年（1742），最初是由来自福建同安的人修建的一座木造小庵，保安宫之名也有"保佑同安"之意。清嘉庆十年（1805）正式改庵建庙，之后经过历代不断修建，发展成为一座三殿三进式的宫殿式庙宇。

保安宫坐北朝南，前殿又被称为三川殿，墙面的石雕成于嘉庆十年，其中位于中门的蟠龙八角檐柱是保安宫内现存历史最早的石雕作品。正殿为重檐歇山顶式建筑，正面安蟠龙柱两对，四周环以方柱与八角柱相间的檐廊，殿内供奉有保生大帝的神龛，两侧挂有台湾教育家陈维英所题楹联一对，殿外侧背的三面彩绘巨幅壁画是台南春源画师潘丽水的作品。

后殿又称神农殿，殿内供奉神农氏，左右两侧附祀孔子与关云长，殿右侧的保恩堂内则供奉有历代同安名人的神位。

保安宫内主祀的是医学之神保生大帝，每日前来祈愿健康的信众络绎不绝，每年农历三月十五日保生大帝圣诞这天举行的祭奠更是规模庞大，庄严隆重的古礼祭祀仪式与神明绕境都颇为隆重，是台北三大庙会之一。

07 中山足球场
●●● 举办大型活动的会场 ★★★★

🏠 台北市中山区玉门街1号　☎ 02-2594-2146
🚇 乘地铁淡水线圆山站2号出口出站后步行大约2分钟即达

毗邻地铁圆山站的中山足球场面积达5.5万平方米，这座可容纳2万人的球场除了是"中华台北足球队"的主场外，同时还是众多明星举办个人演唱会的首选。此外，台北当局也经常会选择中山足球场举办圣诞、新年庆祝等大型晚会，因此这里几乎每天入夜后都是灯火通明，人头攒动，热闹非凡。

08 林安泰古厝　75分！
●●● 台北现存最古老的福建式住宅 ★★★★

🏠 台北市中山区滨江街5号　☎ 02-2598-1572
¥ 免费　🕘 周二至周六9:00—21:00，周日9:00—17:00　🚇 乘地铁淡水线圆山站出站后步行大约10分钟即达

林安泰古厝坐落于滨江公园内，整体是中国传统四合院民宅建筑。林安泰古厝布局严谨，细部雕刻典雅，是台湾北部少见的、保存完整的古老建筑。乾隆十九年（1754），林家祖先林尧由安溪渡海来台，他的儿子林回在艋舺从事贸易生意，开店荣泰号。因为善于经营，荣泰号生意兴隆，日进斗金，于乾隆四十八年（1783）在现在的四维路附近购买宅地，建起老式建筑，命名"安泰"。林安泰古厝至今已拥有200余年的历史，初建时只是五间开的简单民居，后来陆续加盖左右厢房和门厅成为四合院，清末又增加两座外厢房与书房，成为目前两进四厢房的格局。

林安泰古厝的美在于细部的精雕细琢，以门厅门框旁的团龙炉透刻为例，两条龙在当中盘成香炉的形状，双龙在炉下抢珠，另两条在炉上对望，整个雕刻便由此六龙的肢体交错盘结所构成，古色古香，创意独具。在老屋的搬迁及翻修过程中，除了砖瓦因年代久远而破损，部分使用了复制材料外，石料、木材等大多来自原先的建筑，因此仍深具历史价值。

好吃 EAT

01 | 圆山大饭店
●●● 豪华绮丽的中国宫殿 90分！ ★★★★★

地处基隆河畔、剑潭山际的圆山大饭店建于1952年5月,由宋美龄曾任会长的台湾敦睦联谊会主持修建,台湾著名的建筑设计师杨卓成先生为其设计了庄重宏伟的外观、典雅精致的陈设,是台北甚至整个台湾的一道风景,1968年被美国《财星》评为世界十大饭店之一。

> **Tips**
> - 台北市中山北路四段1号
> - 02-2886-8888
> - 全天开放
> - 乘地铁淡水线在圆山站1号出口出站后,乘穿梭巴士大约10分钟即达

刚一进入圆山饭店的大堂,就可看到酒店大堂正中一幅周公制礼作乐的铜质浮雕,两旁是几十根朱红圆柱,宫灯高悬的大堂天花板上有一块造型优美的梅花形藻井,正中五龙戏珠的图案象征着"五福临门"。

无论什么时候,无论哪个角度,圆山大饭店雕梁画栋、飞檐翘角、金色琉璃覆顶、高达14层的中国宫殿式建筑都散发着高贵典雅的气息。如今的圆山饭店有客房490间,除了一般的套房、商务套房之外,还有首相套房4间,总统套房1间,而台湾特殊的历史发展过程又给圆山饭店蒙上了一层神秘色彩。直到1995年圆山饭店一场大火才将多年来传说中的地下秘道曝光。所谓秘道,其实是饭店一楼左右两侧的两条防空安全通道,长度都是180米左右。西侧秘道呈陡降梯形,直通后山剑潭公园。这条秘道内有45盏防爆玻璃灯,在入口处可以看见蜿蜒迂回的阶梯,阶梯尽头是平坦的水泥地,打开出口的两扇金属门就到了剑潭公园,可驱车直接前往士林官邸。东侧秘道有75级台阶,50盏防爆玻璃灯,出口在北安公园,可通往七海空军基地。

必吃 金龙厅
圆山大饭店内的粤菜餐厅

世界闻名的圆山大饭店内的金龙厅堪称台北市内最为奢华的粤菜餐厅,除了鲍鱼或鱼翅烹制而成的名贵菜肴,金龙厅内还有各式做工精致的点心可供品尝,而价格却只需一碟100元新台币起,绝对的物美价廉。每日的下午茶时间里,食客在金龙厅都可以享用各种精美可口的点心,配上杏仁豆腐或芒果布丁等甜品,令人向往不已。

台湾
攻略HOW

Part.6 台北士林

士林周围著名景观非常多，除观光客最喜爱的士林夜市外，周围还拥有故宫博物院、至善园、士林官邸等众多景点，此外，附近还有台北最具异国风情的天母商圈。

台北士林 特别看点！

第1名！
台北"故宫博物院"！

100分！
★ 中华文化宝库，观赏各种珍贵文物！

第2名！
士林夜市！
90分！

★ 台湾最有名的夜市，夜晚必逛的观光夜市！

第3名！
顺益"原住民"博物馆！

75分！
★ 台湾第一座以原住民为主题的私人人类博物馆！

 好玩 PLAY

01 台北市天文科学教育馆
天文爱好者的天文知识宝库

Tips
- 台北市士林区基河路363号
- ☎ 02-2831-4551
- ¥ 展示场门票：全票40元新台币，优待票20元新台币；宇宙剧场、立体剧院：全票100元新台币，优待票50元新台币；宇宙探险入场券：单一票价70元新台币
- 周二至周日9:00—16:50
- 乘地铁淡水线在士林站下车步行约10分钟

位于台北市士林区基河路的台北市天文科学教育馆，占地约1.8公顷，是全世界规模最大的天文博物馆之一。它有着宇宙剧场、展示场、宇宙探险区、立体剧场、天文观测室、天文教室、图书馆等设施，将天文教育从深奥难懂的纸上谈兵转化为平易近人的生活知识，从各种不同的角度让民众身临其境地去了解这些知识。天文科学展示场有3层，按照展示内容分为1楼的古代天文学区、地球区、太空科技区；2楼的天体与星座区、太阳系区、彩虹通道，以及3楼的恒星区、星系区、宇宙区。

02 张大千纪念馆
感受大师的风范 ★★★★

Tips: 台北市士林区至善路二段342巷 ☎ 02-2881-2021 免费 ⏰ 9:00—17:00 🚇 乘地铁淡水线至中正纪念堂站下，1、2号出口即达

一楼会客厅陈设典雅大方，墙上悬有张大千和中西两大画家溥心畬、毕加索的合照。紧邻会客厅的是大画室，先生正挥毫作画的蜡像栩栩如生。四壁悬挂纪念照，如敦煌石窟前的留影、其兄长的照片和母亲、老师的书画作品等。后有小会客室，为张夫人接待女宾之所，放置奇石，彰显先生爱石之癖。又因先生为知名美食家，餐厅悬挂"宾筵食帖"，书写宴请嘉宾的菜单，颇有生活情趣。

二楼裱画室因先生重视装裱设计，特聘请师傅前来裱褙。另有小画室陈设简洁，应是先生悠闲创作小幅作品之所。壁上挂钟停在上午八时一刻，乃为纪念先生辞世的时刻。

03 台北故宫博物院 100分!
荟萃稀世珍品的文化殿堂 ★★★★★

Tips: 台北市至善路2段221号 ☎ 02-2881-2021 160元，周六夜间开馆免费 ⏰ 9:00—17:00（全年无休）🚇 乘地铁淡水线至士林站下，转乘红30、255、304、小型公交车18、小型公交车19路"故宫博物院"站下

位于台北市外双溪地区至善路的台北故宫博物院，是一座中国宫殿式建筑，典雅肃穆，博物院内1～3层为陈列展览各种艺术珍品的展厅，4层则是可供游客休憩品茶的三希堂。台北故宫博物院内收藏了宋、元、明、清历朝历代宫廷珍品瑰宝共计70余万件，几乎涵盖了中国数千年的灿烂历史，位列世界最大博物馆之一，素有"中华文化宝库"的美誉。

台北故宫博物院内的藏品以陶瓷、书画和青铜器为主，此外各种图书典籍和工艺品也都是历代宫廷收藏的珍品，其中的翠玉白菜、肉形石和毛公鼎更是堪称稀世珍品，在众人心目中已成为台北故宫博物院的代名词。

博物院内收藏的书画藏品有近万件，为人所熟知的包括郭熙的《早春图》、范宽的《溪山行旅图》以及苏轼的《寒食帖》等；陶器展品以宋代五大名窑瓷器、明代官窑瓷器和清宫旧藏瓷器为大宗，著名的康、雍、乾三朝珐琅彩瓷器即为代表；图书典籍部分以宋朝、元朝和明朝的版本较多且完整度高，如文渊阁《四库全书》、摛藻堂《四库全书荟要》、《宛委别藏》等，都是展品特色所在；另外还有漆器、玻璃、金银器和笔墨纸砚等7000余件藏品，则是历代宫廷收藏的真品；各式萨满教与藏传佛教的法器、祭器等充满宗教色彩的展品也令人大开眼界。

此外，博物院内还有至善园、至德园、张大千纪念馆等景点，其中1984年落成的至善园位于博物院左侧，园内小桥流水，曲径通幽，充满中国传统园林的典雅意趣；另一侧与至善园相对应的至德园则别致典雅，庭园美景令人置身其间感到心情愉悦。旧称"摩耶精舍"的张大千纪念馆由张大千亲自设计，以保留故居、重现张大千先生的生活起居环境为主，并且展有照片及各种奇石盆栽等。

04 至善园
仿宋风格的中国园林 ●●● ★★★★★

Tips
🏠 台北市至善路"故宫博物院"旁 ☎ 02-2881-2021 💰 20元新台币,凭"故宫"入场券可以免费入园 🕐 7:00—19:00 🚇 乘地铁淡水线至士林站下,转乘红30、255、304路公交车或18、19路小型公交车至"故宫博物院"站下车即达

毗邻"台北故宫博物院"的至善园,是一处仿宋明时代建筑风格的传统中式园林,园内楼阁亭台与池边小径将中国古典江南园林的美感表现得淋漓尽致,其招鹤亭、洗笔池、碧桥、水榭、松风阁、笼鹅、曲水流觞等景点更是美不胜收,与园外绵延的青山相映成趣,是集园林造景精髓于大成的庭院佳作。

05 台湾科学教育馆
了解科学奥秘的展馆 ●●● ★★★★

Tips
🏠 台北市士商路189号 ☎ 02-2837-8777 💰 80元新台币,3D动感电影院100元新台币,4D虚拟剧场100元新台币 🕐 周二至周五 9:00—18:00 周六、周日 9:00—19:00 🚇 乘地铁淡水线剑潭站下,换乘红3、红30路公共汽车科学教育馆下

台湾科学教育馆成立于1956年,原本位于南海学园,后于2003年搬迁至现在的士林新馆,规模扩大了近20倍。这里主要举办中小学科学展览、国际科学展览、各类科教研习活动、大众科学普及讲座以及行动科学馆巡回教育等各种科学活动,来此能够了解当前最新的科学知识。

科学教育馆一共有10层,不过只有地下1层和地上3、4、5、6层是常设展区。其中地下1层是儿童益智探索馆,主要面向的是2~9岁的儿童。在3、4层的生命科学、自然科学展示区里,可以看到人类演化过程以及遗传和基因的奥秘。5层的物质科学展示区,展示的是物理和化学的奇妙世界。6层的数学与地球展示区里,游客能够体会到数学的神秘,并欣赏到地球是如何从最初的模样变成现在这个生气勃勃的世界。

06 林语堂故居
在故居中感受林语堂的幽默 ●●● ★★★★

Tips
🏠 台北市士林区仰德大道二段141号 ☎ 02-2861-3003 💰 20元新台币 🕐 周二至周日 9:00—17:00,周一闭馆 🚇 乘地铁淡水线在士林站下,步行大约20分钟即达

由著名的建筑师王大闳设计的林语堂故居坐落于貌似林语堂福建故乡山景的阳明山上,是1966年林语堂在台北定居后的居所。结合了中国四合院与西方美学建筑的林语堂故居蓝瓦白墙,拱门回廊,林语堂曾经形容这座宅院"宅中有园,园中有屋,屋中有院,院中有树,树上有天,天上有月,不亦快哉"。阳台是他生前常去的地方,每当晚饭后,他最喜欢坐在桌旁的藤椅上,口叼烟斗,欣赏夕照沉没于观音山际。

以英文书写而扬名海外的作家林语堂集语言学家、哲学家、文学家、旅游家以及发明家于一身,一生创作无数,在林语堂故居中有相当完整的著作收藏。林语堂最有名的一句话是:"演讲像女人的裙子,越短越好。"这样诙谐的句子几十年前在文坛开了先河,游客在游览的同时还可从各种资料和文学作品中感受这位语言大师别具一格的幽默。

07 芝山文化生态绿园
绿色生态区 ★★★

> **Tips**
> 📍 台北市雨声街120号　☎ 02-8866-6258　💴 全票50元新台币；优待票30元新台币；幼儿及团体票20元新台币　🕐 周二至周日9:00—17:00　🚇 乘地铁淡水线至芝山站下车，步行约15分钟

芝山文化生态绿园位于阳明医院对面的芝山岩北侧，是台北地区唯一现存"芝山岩文化层的所在，也是全台唯一一处发现7个文化层的遗迹。园区占地约4公顷，具有地理、历史、人文、景观、生态等多方面独特的考古参观价值。芝山文化生态绿园内除了有水生池、百年枫香树等自然景物外，还在展示馆1层提供详细的文献资料来介绍芝山岩的人文历史与自然生态，成为深入认识台北历史文化的代表性生态区。

芝山文化生态绿园中有水生池、芝山岩展示馆、教育暨行政中心、布莱得野鸟护育中心、生态暖房、游客中心、考古探坑教室等七大主题专区，并且拥有种类繁多的温带、热带小型丛林动物和昆虫，如五色鸟、红嘴黑鹎、树鹊、黑冠麻鹭、青斑凤蝶、台湾粉蝶、端紫斑蝶、台北树蛙、赤腹松鼠、独角仙等。这里不仅是游客欣赏古迹的场所，更成为观赏珍稀动植物、扩展眼界的极佳去处。

08 顺益"原住民"博物馆
了解台湾少数民族的文化习俗 ★★★★　75分!

顺益"原住民"博物馆成立于1994年6月，是第一座以台湾少数民族为主题的私人人类博物馆，它坐落在台北市士林区至善路二段，位于台北"故宫博物院"的左前方。

顺益"原住民"博物馆主要以收藏、展示、研究及推广台湾少数民族丰富的历史和物质文化为主题，馆内规划有四大区，分别是人文与自然环境、生活与器具、衣饰与文化、信仰与祭仪。其中，人文与自然环境展示区主要介绍了台湾少数民族的概况以及分布，介绍少数民族的文化特征；生活与器具展示区则用收藏品和模型表现出台湾少数民族日常生活和社会关系；衣饰与文化展示区展示台湾少数民族在纺织方面的天赋，表现出服饰之美，以及其社会文化的意义；信仰与祭仪展示区则主要展出一些祭礼器文物，阐述了台湾少数民族的各种信仰文化。

> **Tips**
> 📍 台北市士林区至善路二段282号　☎ 02-2841-2611　🕐 周二至周日9:00—17:00　🚇 乘地铁淡水线在士林站下车，至中正路转乘公交车255、304，小型公交车18、19，假日休闲公交车101即达

好买 BUY

01 天母
●●● 充满异国情调的街道　　　★★★★★

Tips
🏠 台北市中山北路六、七段，天母东、西、北路与忠诚路之间　☎ 02-2720-8889　¥ 免费　🚇 乘地铁淡水线至石牌站下车，换乘红19路公交车至天母新村下车即达

天母商圈是以天母广场为中心向四周延伸的商业聚集地，位于中山北路六、七段，天母东、西、北路与忠诚路附近。早期的天母是外国侨民的住宅区，台北的美国学校与日侨学校都设立于此。直至今日，街道上仍常见外语招牌和富有异国情调的商店，异国风味浓厚，是台北市流行与美食的风向标。走在天母的街巷里，常能见到打扮时髦的年轻人流连街边。

天母的中山北路一带是台北北区的高级家具市场，街边店铺整齐的展示橱窗便是一道怀旧家居风景线。这里可以买到许多富有中国风的古董家具，不管是八仙桌、太师椅，还是红木镂雕的梳妆台。古董家具的价位虽高，但重在质量过硬、古风朴素，因此受到许多外地观光客的喜爱。天母北部的中山北路以高档外销成衣店著名，而天母东、西路则满是各种流行品牌服饰店，深受年轻人的喜爱。天母东路两旁的小巷是各色异国餐厅的大本营，间杂着许多酒吧及个性咖啡店。

02 大叶高岛屋百货公司
●●● 台湾第一座新都会大型百货公司　　　★★★

Tips
🏠 台北市士林区忠诚路二段55号　☎ 02-2831-2345　🚇 乘地铁淡水线至芝山站下，至地铁站对面换乘大叶高岛屋免费购物专车地铁线

大叶高岛屋百货公司是日本最大的百货公司，在全球重要城市都有分店，台北的分店就位于天母忠诚路与士东路口。大叶高岛屋是台北北区唯一的大型百货公司，和台北东区地处繁华地带而略有些狭窄的那些百货公司不同，大叶高岛屋百货公司拥有超大型的卖场与宽敞的购物空间，给顾客带来非常舒适和便利的感觉。

这里的商品主要以国际知名品牌的服饰为主，也有一些化妆品、香水、珠宝首饰和日常杂物出售，商品种类非常丰富。二楼的英国茶馆、三楼的Cafe Plus、四楼的富岚迪coffee都是既可以休息，也能够品尝到精致茶点的地方。这里最值得一提的是，大叶高岛屋百货公司不仅有地下停车场，它的5楼至11楼还有空中停车场，加起来有2000个车位，顾客绝不会因没有停车位而苦恼。

好吃 EAT

01 士林夜市　　90分!
台湾最有名的夜市　★★★★★

Tips
- 台北市基河路60号
- ☎ 02-2882-0340
- 🕘 9:00—24:00
- 🚇 乘地铁淡水线在剑潭站出站后步行即达

作为台湾最有名的夜市之一，士林夜市也是全台北市内面积最大的一处夜市，同时还是外地观光客必去之地。士林夜市最初是慈诚宫庙前的一处小集市，慢慢发展成为现今的大型夜市，除了种类繁多的美味小吃外，还有经营各式服装和配饰的摊位，堪称台北一大淘宝圣地。

士林夜市的美食小吃最为著名，金黄色的豪大大鸡排，香气四溢的士林大香肠，汤汁四溢的上海生煎包，包着满满红烧肉、蛋酥的润饼卷，甜甜咸咸的大饼包小饼，热腾腾的药膳排骨汤，乃至各种生炒花枝、青蛙下蛋、三兄弟豆花、葱油饼、炒蟹脚等都可以在这里寻觅到，堪称台湾美食的荟萃地。

除了多样化的美食外，士林夜市内的各式服装、饰品、鞋帽、玩偶、唱片等商品也是应有尽有，不仅种类繁多，更兼物美价廉，吸引了大量喜欢淘宝的人来这里尽情挑选自己喜欢的商品。此外，士林夜市内还有电影院、游乐场和KTV，在购物和享受美食之余还可以在这里体验大都市的夜生活，感受一下这里的独特风情。

必吃01 士林大香肠
比较受欢迎的小吃

士林大香肠是所有小吃里面比较受欢迎的一种，士林大香肠选用上等猪事腿肉，加入独家的调味，再以恰到好处的火候炭烤，绝对保证肉质香嫩、咬劲十足，顾客吃后都赞不绝口。

必吃02 河粉煎
香酥可口

士林河粉煎也是逛这个夜市不可不品尝的一种小吃，这种小吃其内包香菇及赤肉，皮薄馅多，再用适当的火候和时间煎烤，之后淋上自制的调味酱汁，吃来香酥可口，令人回味无穷，吃了还想吃。

台湾
攻略HOW

Part.7 台北北投温泉

北投是台湾北部著名的温泉乡,遍布老商铺、传统市场和老牌温泉浴室,是感受温泉乡安逸生活的地方。

台北北投温泉 特别看点！

台湾攻略 / 台北北投温泉

第1名！ 北投温泉！

100分！
★ 台湾最著名的温泉乡，舒缓疲劳与工作压力！

第2名！ 阳明山公园！

90分！
★ 风景优美的公园，台湾四大公园之一！

第3名！ 照明净寺！

75分！
★ 四面环山、环境清幽，又被称作情人庙！

 好玩 PLAY

01 照明净寺 75分！
深受台北情侣喜爱的"情人庙"

Tips
- 台北市崇仰七路53号
- 02-2598-3180
- 8:00—20:00
- 乘地铁淡水线在唭哩岸站出站，换乘216、223路公交车在北投市场转乘小14路公交车于照明寺站下车即达

四面环山、环境清幽的照明净寺因曾经陈列有牛郎织女的蜡像，故又被称作情人庙。寺庙的建筑风格与台湾一般设计样式不同，仿若台中东海大学中的路思义教堂，却又具有泰国佛寺的风格，建筑多采用三角形造型，据说依照九宫八卦取三三九玉如意之意设计而成。总之样式迥异，别具一番风味。寺内的主庙有如尖塔形，一只巨龙盘踞于上，而寺的主祀则是四面千手观音，专门保佑健康、婚姻、光明及财富。另外，如来佛像与五百罗汉环绕于园内，分外庄严肃穆。许愿之人需先至服务台领取许愿牌、祈福香包以及四色祈福信笺，之后将愿望写于牌上，将香包挂于胸前，再至观音殿前许愿，最后将四色信笺投入箱内，把许愿牌挂在许愿池旁，这样即可大功告成。

02 淡水红树林自然保护区
享受河口的生态之美 ★★★★★

淡水红树林生长于热带或亚热带海岸最高潮线以下及平均高潮线以上。位于淡水河北岸出海口5公里处的淡水红树林生态保护区范围相当广阔，从竹围到莺歌的河岸都属于保护区范围，面积为70余公顷。淡水红树林生态保护区是相当特殊的潮间带区域，许多生物在此栖息活动，加上此处恰巧为东北亚鸟类迁徙的路径，鸟的种类格外丰富，过境的鸟类更高达数十种以上。植物林以属于红树林植物之一的水笔仔为主，还有许多专属海边岩地或潮间带生育地的植物，形成相当多元化的生态系统。人们也可以参观"红树林展示馆"，一览红树林神奇的生态。馆内的展览以水笔仔为主，用图片、多媒体的方式让人们了解红树林生态的奥妙。大片的玻璃窗让人们可远望整片的水笔仔林相，可充分享受河口的生态之美。

> **Tips**
> 台北市新北市淡水镇红树林地铁站后方　02-2808-2995　乘地铁淡水线在红树林站2号出口出站后步行5分钟即达

03 慈生宫
北投区最重要的庙宇 ★★★★

> **Tips**
> 台北市理农街一段321号　02-2822-7410　6:00—21:00　乘地铁淡水线在唭哩岸站出站后步行大约5分钟即达

兴建于明永历初年的慈生宫为北投区最重要的庙宇，同时也是昔日淡北一带最早的农业发祥地老唭哩岸人的重要精神寄托。慈生宫又名"五谷先帝庙"，由福建省同安、漳州两县的居民合力创建，本祀五谷先帝、天上圣母、福德正神，五谷先帝即五谷神，庙名由此而来。故址在现址东方约250米处，历经清朝康熙、乾隆两代，光绪七年（1881）以后久而失修，残破不堪，显示出此庙渊源悠久的历史。后于光绪八年（1882）始迁建现址，恢复其旧有的景观，至今香火缭绕，游客络绎不绝。目前庙内现存年代稍远的文物有观音、圣母两殿墙壁悬挂的两对雕饰、留藏的石碑、慈生宫1971年施作的彩绘。慈生宫门口立有两只石狮，墙上刻有春耕、夏耘、秋收、冬藏的图雕，庙内还有二十四节气的图雕，由此可一睹昔日唭哩岸农忙的情景。

04 缘道观音庙

● ● ●　气势宏伟的寺庙　★★★★

Tips
📍 台北市新北市淡水镇番薯里5邻安子内3号　☎ 02-2626-9242　🕘 9:30—17:00　🚌 乘地铁淡水线在红树林站1号出口出站，搭乘专线车即达

位于新北市淡水镇的缘道观音庙为仿唐式建筑，以木材为设计主轴，透露出一股自然的古朴感。观音庙门口有气势磅礴的水墙以及恢弘古朴的山门，这样的创意可谓全世界独一无二的。此外，缘道观音庙的每一扇门都经过精心设计，表现出不同的风格，体现出缘道观音庙的文化特点。缘道观音庙最具特色的还数庙内的十全十美香——供佛香、感情香、健康香、平安香、贵人香、孝亲香、子香、功名香、财运香、事业香，人们可以根据香的种类，分别在各个观音座前上香祈福，圆满自己的心愿。缘道观音庙四周分布着不同的景区，无论是小桥流水还是群山峻岭，各式美景尽收眼底，美不胜收。

05 阳明山公园

● ● ●　台北近郊的天然温泉乡　(90分!)　★★★★★

阳明山公园位于台北市北方的纱帽山后侧，七星山以南，海拔443米。阳明山以天然的溪谷、温泉、瀑布和森林公园著称，是台湾四大公园之一，分前山公园和后山公园。

前山公园位于七星山、纱帽山中间平缓的坡地。公园内古风建筑随处可见，景色明媚，山色怡人。在前山公署通向金门的路旁有终年不息的草山瀑布，走近便是水花扑面，长白如练。后山公园是阳明山胜境的精华所在。每年2月下旬至4月初是阳明山的花季，届时樱花、杜鹃花漫山遍野，深深浅浅的红色仿佛轻纱笼罩半山。此外还有茶花、梅花、桃花、李花和杏花次第竞相开放。除了花开缤纷外，后山还有山涧怪石、莲花池、鱼乐园、快雪亭、水河台和阳明飞瀑等胜景。

阳明山公园也是主要的火山分布区，锥状、钟状火山体，火山口、火口湖等火山地貌构成园中独特的地质地形景观。

Tips
📍 台北市北投区阳明山竹子湖路1—20号　☎ 02-2861-3601　🚌 乘地铁淡水线北投站下，乘小巴前往

06 北投温泉

台湾最著名的温泉乡

100分！
★★★★★

Tips
🏠 台北市北投区　☎ 02-2891-2105　🚇 乘地铁新北投支线在新北投站下车后即达

北投是台湾最著名的温泉乡，位于台北市北投区的北投温泉包括地热谷、龙凤、凤凰、湖山里、行义路等10余处，于清光绪二十年（1894）由经营硫磺生意的德国商人奥里发现，之后利用新北投温泉兴建温泉俱乐部。1896年，日本大阪商人平田源吾发现新北投温泉质佳，极富观光与商业价值，后于新北投溪畔开辟台湾第一家温泉旅社——天狗庵。

狭义的新北投温泉主要是指环绕"北投温泉亲水公园"四周的中山路、光明路、新民路、泉源路一带，沿街随处可见的温泉旅馆普遍规模较大、数量集中，其中不乏大量从"二战"前一直经营至今的日式温泉旅馆，自然人文资源颇为丰富。

由于新北投温泉位于大屯山系下热泉所在位置不同，因此拥有不同的泉质与色泽，大约有白磺、青磺、铁磺三种：白磺水色呈白色，属弱酸性；青磺酸性较强，腐蚀力高；铁磺则因含铁，水色呈淡红褐色。据传均有治关节炎、筋肉酸痛、慢性皮肤炎等疗效，更可结合SPA与芳香疗法，让泡汤、温泉浴更上一层楼。台北人下班后常造访此地，通过泡温泉舒缓疲劳感与工作压力。

07 北投温泉博物馆

精致的乡土资料馆

★★★★

Tips
🏠 台北市北投区中山路2号　☎ 02-2893-9981
¥ 免费　🕘 9:00—17:00　🚇 乘地铁新北投支线在新北投地铁站出站后大约5分钟即达

建成于1913年的北投温泉博物馆，前身是日据时期的公共浴场，是一座外观典雅精致的红砖建筑，二层则是木结构建筑，20世纪20年代曾是东亚地区规模最大的公共温泉浴场，据说孙中山先生也曾造访此地。

北投温泉博物馆内收藏了大量北投地区的旧照片和相关资料及地图，此外还有大量历史文物展出，并提供台湾各地的温泉指南及入浴方法，堪称一座关于温泉的"百科全书"。此外，北投温泉博物馆二层仍旧保留了日据时期的客厅，游客还可参观当年的温泉浴室，感受这里的历史气息。

台湾
攻略HOW

Part.8 台北关渡

关渡地处淡水河出海口,得天独厚的生态环境使那里成为台湾北部地区最知名的候鸟栖息地,吸引了众多喜欢观鸟的游人。

台北关渡 特别看点!

第1名! 观音山!
100分!

★ 经常云雾飘渺不散,形成古淡水八景之一"垒岭吐雾"!

第2名! 关渡宫!
90分!

★ 台湾北部历史最悠久的妈祖庙!

第3名! 八仙海岸!
75分!

★ 假日休闲的首选去处之一!

 好玩 PLAY

01 关渡码头蓝色公路
探索淡水河沿岸的风光 ★★★★

关渡码头是淡水河观光船的起航码头,与别处拥挤的交通不同,游客在这里可以乘坐游船在淡水河上乘风航行,欣赏沿岸的美丽风光,或是在绿草绵延的河滨公园散步,骑车游览周围景点,享受难得的休闲时光。

Tips
- 台北市新北市关渡码头
- 02-2511-0519
- 生态印象之旅900新台币,其余主题航船为1550元新台币
- 乘地铁淡水线在关渡站出站后换乘小23、红35路公交车在关渡码头站下车即达

02 琉园水晶博物馆

● ● ● 台湾知名的艺术博物馆　　　★★★★

琉园水晶博物馆以收藏驰名国际的琉园水晶玻璃工艺品而享誉世界，博物馆的负责人王侠军特意选择在1999年9月9日9点9分9秒这个特殊时刻创立博物馆，取其"长长久久"之意。博物馆内收藏了众多设计兼具民族风格与现代时尚风情的玻璃工艺品，此外还有中外玻璃艺术史、玻璃制作技法、当代国际玻璃与艺术大师作品等主题展览，游客还可现场观看玻璃制作过程。

> **Tips**
> 🏠 台北市中央北路四段515巷16号　☎ 02-2895-8861　¥ 100元新台币，学生50元新台币
> 🕘 9:00—17:00　🚇 乘地铁淡水线在关渡站2号出口出站后步行即达

03 观音山

● ● ● 古淡水八景之一　　100分!　★★★★

观音山由18座岩浆岩构成的连绵山峰组成，游客从淡水河口北岸遥望观音山，可以看到山形犹如一座观音斜卧河畔；从北望去则好似观音朝天，栩栩如生；从远山天文台看去则宛若抱膝仰卧的观音像，因而得名观音山。加上这里得天独厚的地形，形成了云雾缥缈、虚幻莫测的古淡水八景之一"坌岭吐雾"。

> **Tips**
> 🏠 台北市新北市淡水、八里乡和五股乡交界处
> ☎ 02-2292-8888　🚇 乘地铁淡水线在关渡站1号出口出站，换乘红22路公交车在圣心女中站下车之后步行即达

04 关渡自然公园

● ● ● 多样化的生态空间　　　★★★★

台北市关渡自然公园位于淡水河与基隆河交汇处，是台北盆地关渡平原西南角的低洼地，因而是最佳的水鸟观赏及沼泽生物观察区，公园南侧的堤坝外是一大片红树林沼泽地。公园面积共有57公顷，由于地势低洼，积水逐渐形成浅水地和泥滩地，又衍变成为草泽湿地，使园区内的植物演替成水生、湿生与旱生等不同群落，提供多样化的动植物生存空间。每年春秋两季，大批的水鸟将这里作为南迁北返的补给站或栖息地。

关渡沼泽区的植物种类极其丰富，其植被可分成六大类：沙洲上的盐性湿地植物、水池中的水生植被、草原上的湿生植被、高地上的旱生植被、农耕地上的水稻单一植被，以及零星散布的木本植被，这些不同类型的植物群落组成了各类生物所需要的栖息环境。

> **Tips**
> 🏠 台北市北投区关渡路55号　☎ 02-2858-7417
> ¥ 50元新台币　🚇 乘地铁淡水线至关渡站，由大度路出口出站，换乘大南客运小23路、红35路公共汽车可达

05 台北艺术大学

一场现代艺术的盛宴

Tips
- 台北市北投区学园路1号
- 02-2896-1000
- 全天开放
- 乘地铁淡水线在关渡站1号出口出站后转乘台北艺大接驳车即达

位于高地上的台北艺术大学，是一座随处可以看到现代艺术品的校园，这些现代艺术品以"色彩"为主要表现手法，既可以让观者透过视觉的感动来感受一场现代艺术的盛宴，还可以完美地向来访的游客诠释"艺术就是生活，生活就是艺术"这一理念。其中利用相思树、石块、花景，加上光影素材所构成的荒山剧场，创造出地貌与环境独树一帜的自然表演空间，可容纳500余名观众在这里观看表演。

06 关渡大桥

横跨淡水河的大桥

Tips
- 台北市新北市淡水镇大度路
- 乘地铁淡水线在关渡站1号出站口出站后步行30分钟即达

地处淡水镇与八里乡之间的关渡大桥全长539米，桥面宽19米，是一座五孔连续钢骨圆弧大桥。修建关渡大桥时采用了独特的潮汐浮运架设法，利用驳船把桥体运到相应的位置，之后等待落潮时再安装进固定好的桥墩中。现今关渡大桥上还设有观景步道，游客可在此一览淡水河的美丽风光。

07 十三行博物馆
感受台湾人的过去 ★★★★

Tips
- 台北市新北市八里乡博物馆路200号
- 02-2619-1313
- 100元新台币，半票70元新台币
- 9:30—20:00
- 乘地铁淡水线在关渡站1号出口出站，换乘红13路公交车在十三行博物馆站下车即达

拥有三组外观各不相同建筑的十三行博物馆分别代表山、海、过去与现代，游客

入馆前需要通过一段缓缓向下延伸的坡道，象征着考古学家发掘地下文物的过程。在博物馆内展示有陶片、铜钱、金银器和各种珠宝饰品，以及骨角制品和墓葬文物等藏品，此外还有大量文化资料，全面展示了台湾人的历史。

08 八仙海岸 75分！
疯狂嬉戏的水上乐园 ★★★★

拥有惊险水上游乐设备的八仙海岸是台北人假日休闲的首选去处之一，在乐园内可以体验惊心动魄的水上娱乐。此外，还可以在毗邻的四季公园内泛舟垂钓，享受难得的休闲时光。

Tips
- 台北市新北市八里乡下罟子1—6号
- 02-2610-5200
- 9:300—17:00
- 乘地铁淡水线在关渡站1号出口出站，换乘红22路公交车即达

09 关渡宫 90分！
台湾北部历史最悠久的妈祖庙 ★★★★

位于台北市知行路的关渡宫创建于清顺治十八年（1661），原名灵山庙，庙内供奉妈祖，是台湾北部历史最悠久的一处妈祖庙，与鹿港的天后宫和北港的朝天宫并称为台湾三大妈祖庙。

关渡宫殿口的龙柱、石狮、壁雕等工艺精湛，殿顶的藻井、斗拱、梁椽都有很丰富的雕塑、彩绘，其中殿门外的门神浮雕比常见的更加栩栩如生，别有一番韵味。大殿内奉祀妈祖、观音菩萨、文昌帝君和郑成功，其中妈祖像神态慈祥，右侧奉祀建庙大德，旁殿奉祀药师佛、阿弥陀佛、观音菩萨、大势至菩萨等。楼上广渡寺奉祀地藏王菩萨与信徒安奉的祖先牌位，后殿奉祀玉皇大帝、三官大帝、东华帝君、瑶池金母、南斗星君、北斗星君等神像。

此外，关渡宫毗邻的古佛洞和财神洞内有大量宗教雕塑，为关渡宫一大胜景。周围的官渡公园更可远眺淡水河、观音山，夕阳西下的美景尤其令人叫绝。秋冬时节更有大量水鸟在此栖息，是游客观鸟的好去处。

Tips
- 台北市北投区知行路360号
- 02-2858-1281
- 免费
- 8:00—17:00
- 乘地铁淡水线到关渡站下车，沿着大度路三段301巷或知行路走10—20分钟即达

台湾
攻略HOW

Part.9 台北淡水

淡水古镇历史悠久，古镇周围散落着大量的历史古迹，与这里秀美的风景一同吸引了来自世界各地的游人。

台北淡水 特别看点！

第1名!
红楼!
100分!

★ 淡水名景之一的西班牙式红砖建筑!

第2名!
淡水长老教会!
90分!

★ 与淡水河夕照和观音山景一同被赞誉为"三大最经典的淡水写生画景"!

第3名!
淡江中学!
75分!

★ 校园内竖立有马歇尔传教士的铜像!

好玩 PLAY

01 淡水长老教会
● ● ● 台湾北部教会发源地　　　**90分!**　★★★★

加拿大籍的马歇尔牧师从19世纪末开始在台湾传教行医,是第一个在台湾北部传教的牧师,由他主持兴建的淡水长老教会同时也是台湾北部教会的发源地。1923年重建淡水长老教会时将其改为红砖壁面的仿哥特式建筑,优美典雅的外观与淡水河夕照、观音山景一同被誉为"三大最经典的淡水写生画景",吸引了无数游客。

Tips
- 台北市新北市淡水镇马偕街8号
- 02-2621-4043
- 乘地铁淡水线在淡水站出站后步行10分钟即达

02 红毛城古迹保存区
淡水最有名的历史古迹 ★★★★

位于淡水街尾一处小丘上的红毛城包括主楼、领事馆和城门三部分，是一幢气势恢弘的红砖建筑，曾经侵占过台湾的西班牙人和荷兰人都曾将这座建筑作为军事要塞，之后又曾作为英国和美国"领事馆"，见证了台湾历史上许多重要时刻。

> **Tips**
> 🏠 台北市新北市淡水镇中正路28巷1号
> ☎ 02-2623-1001 ¥ 60元新台币 🕘 9:30—18:00 🚇 乘地铁淡水线在淡水站出站后换乘红26路公交车或836游园公交车在红毛城下车即达

03 河堤公园
淡水八景之一的山水美景 ★★★★

毗邻地铁淡水站的河堤公园是欣赏淡水八景之一"淡水暮色"的绝佳地点，公园内随处可以看到如茵的绿草，与淡水河对岸的观音山一同组成一幅绝佳的山水画卷。沿着河岸漫步还可看到许多相依偎在一起的情侣，空气中弥漫着浓浓的爱意，因此被誉为最浪漫的约会地之一。

> **Tips**
> 🏠 台北市新北市淡水镇淡水站旁 ¥ 免费 🕘 全天开放
> 🚇 乘地铁淡水线在淡水站出站即达

04 沪尾炮台
台湾北部的战略要地 ★★★★

距离红毛城大约500米的沪尾炮台由台湾首任巡抚刘铭传于清光绪十二年（1886）修建，炮台外廓为两道城墙，外层为炮台，内层则是官兵宿舍和办公区域，配备有12寸口径后膛炮。沪尾炮台与红毛城曾经一同作为护卫淡水港的战略要地，牌楼上至今依旧镶嵌有"北门锁钥"四个大字。游客除了可以欣赏古炮台的雄姿，还可以在炮台内部欣赏各种主题展览，或是在炮台上一览淡水夕照的美景。

> **Tips**
> 🏠 台北市新北市淡水镇中正路一段6巷34-1号
> ☎ 02-2629-5390 ¥ 20元新台币 🕘 9:30—18:00 🚇 乘地铁淡水线在淡水站出站后换乘红26路公交车或836游园公交车在沪尾炮台下车即达

05 淡江中学
百年历史的古老学校 ★★★★ 75分！

> **Tips**
> 🏠 台北市新北市淡水镇真理街26号 ☎ 02-2620-3850 ¥ 免费 🕘 9:00—18:00 🚇 乘地铁淡水线在淡水站1号出口出站后转乘红38号巴士即达

淡江中学创办于1914年，是台湾众多历史名校中唯一没树立蒋介石和孙中山铜像的学校，取而代之的则是马歇尔传教士的铜像。校园内的八角楼采用红砖、釉花砖和闽南瓦等建材修建，建筑充满中西合璧的美感，时至今日依旧是建筑系学生来到淡水后必访的朝圣地之一。马歇尔传教士去世后就安葬在淡江中学的校园内，尖背式的建筑两侧安葬着他的妻子儿女，常见有人来这里缅怀。

06 淡江大学
众多偶像剧的拍摄地 ★★★★

位于大屯山脚下五虎岗上的淡江大学创立于1950年，是第一所台湾人创办的私立高等学府。淡江大学最为知名的就是一共有132层石阶的克难坡，登上坡顶可一览淡水的迷人风光。由于淡江大学既可远眺观音山，又可鸟瞰淡水河，因而吸引了众多台湾偶像剧在这里拍摄取景，也导致众多影迷慕名而来。

Tips
🏠 台北市新北市淡水镇英专路151号 ☎ 02-2621-5656 💰 免费 🕐 全天开放 🚇 乘地铁淡水线在淡水站1号出口出站后步行大约20分钟即达

07 红楼
淡水名景之一的西班牙式红砖建筑 ★★★★

Tips
🏠 台北市新北市淡水镇中正路228号 ☎ 02-8631-1168 🕐 11:00—22:00 🚇 乘地铁淡水线在淡水站出站后步行大约10分钟即达

由洋行富商于19世纪末修建的红楼，原名达观楼，是一幢纯西班牙风格的红砖建筑，迄今已有100余年的历史。红楼运用北投出产的唭哩石修建了一层内墙，二层则使用各式各样的清水砖做出了花样繁多的变化。20世纪20年代，红楼是当时台湾北部文人墨客的聚会场所，因而为人熟知；现今的红楼作为餐厅，被众多网友票选为台北首家最佳约会餐厅。

08 真理大学
欧式风情浓郁的大学 ★★★★

真理大学的前身是淡水工商学校，校园入口处有一座尖耸的大拱门，校园内则有牛津学堂和真理大礼拜堂、姑娘楼这些欧式风格的建筑，其中牛津学堂是台湾最早的西式学校，其中西合璧的红砖建筑由马歇尔牧师亲自设计。而建于1906年的姑娘楼则是当时修女居住的建筑，金仁理、黎玛美、安义理与德名利等都曾在这里居住。"二战"结束之后成为纯德女中音乐教室，现今则是真理大学的校长室。

Tips
🏠 台北市新北市淡水镇真理街32号 ☎ 02-2621-2121 💰 免费 🕐 全天开放 🚇 乘地铁淡水线在淡水站1号出口出站后转乘红38号巴士即达

好吃 EAT

01 淡水老街
游览港镇淡水的休闲街道 ★★★★★

Tips
- 台北市新北市淡水镇中正路、公明街、河滨道路
- 02-2622-1020　全天开放　地铁淡水线淡水站出站后步行5分钟即达

位于台北北部的淡水镇于1858年开港通商，是台湾北部最早开发的港口之一，迄今已有数百年历史，是一座遍布中国闽式和欧式、日式旧建筑的浪漫小镇，河畔风光优美，素有"东方威尼斯"的美誉。此外，淡水海岸最出名的是夕阳染红河面的美丽景色，非常迷人。

位于这美丽河畔旁的淡水老街是指淡水镇中正路以及附近的三民街、重建街、真理街、清水街一带，除了优美浪漫的风景外，淡水老街的最大魅力是这里琳琅满目的老字号美食店。经历过西班牙人、荷兰人、日本人的殖民统治，又随着内地移民的迁入，淡水小吃融合了多元文化元素，每家老字号美食店都用心经营着游客喜欢的味道。淡水老街集美食、老街、小吃为一身，每到假日总是人山人海，是全家出游、三五朋友逛街的好地方。

除了琳琅满目的美食外，淡水老街上还有大量古色古香的店铺和散落其间的古老庙宇，最古老的福佑宫相传始建于清雍正年间（1678—1735），文昌祠、龙山寺、兴建宫等于19世纪落成，祖师庙则于20世纪初落成，这些古老的建筑向往来的行人讲述着老街的过往。

02 海边阿伯铁蛋本铺
淡水名产之一 ★★★★

近半个世纪前，阿伯铁蛋的创始人阿伯婆在渡船码头开设面摊，每天都会做一些小菜供客人下酒，当天剩下的卤蛋被不断放回锅中熬卤之后不仅缩小变黑，卤汁也完全渗入鸡蛋，口感变得极佳，这便是淡水名产之一的阿伯铁蛋，现今已经成为游客来到淡水绝对不会错过的美味。

Tips
- 台北市新北市淡水镇中正路151-1号
- 02-2621-1560　7:00—22:00　乘地铁淡水线在淡水站出站后步行大约15分钟即达

台湾
攻略HOW

Part.10
台北府中

府中周围有林家花园、台北县政府、远东百货FE21等景点和众多隐藏在巷弄间的平民美味小店。

台北府中 特别看点！

第1名！
林家花园！
100分！

★ 清末台湾首富林平侯家族历时40年修建的豪华宅邸！

第2名！
慈惠宫！
90分！

★ 祭祀着打鱼人的保护神妈祖！

第3名！
南雅夜市！
75分！

★ 板桥历史悠久的夜市！

📷 好玩 PLAY

01 林家花园
••• 清末台湾首富的豪宅
100分！
★★★★

林家花园全名是林本源园邸，是清末台湾首富林平侯家族历时40年修建的豪华宅邸，规模庞大，选材精细，是台湾清代园林建筑的代表作之一。现今林家花园虽然有部分已经被拆迁改建，但其余翻新修建的部分依旧古色古香，吸引了众多游客慕名而来。

Tips

🏠 台北市新北市板桥市西门街9号　☎ 02-2965-3061-2　💰 30元新台币　🕘 9:00—17:00　🚇 乘地铁板桥线在府中站3号出口出站后步行大约30分钟即达

02 435文艺特区
美丽的秘密花园

Tips
- 台北市新北市板桥市中正路435号
- 02-2968-6911
- 5:00—22:00
- 乘地铁板桥线在府中站2号出口出站后步行即达

435文艺特区的前身曾经是退辅会主记人员训练中心，经过重新翻修后现今成为一座美丽的秘密花园。每当夜幕低垂，金色的光芒闪耀在园区内的建筑上，给人富丽堂皇、美轮美奂的感觉。此外，435文艺特区经常会不定期举办各种艺术活动和音乐会，吸引着众多喜爱艺术的年轻人。

03 接云寺
精美的佛像浮雕

Tips
- 台北市新北市板桥市西门街69号
- 02-2966-0766
- 免费
- 4:00—21:30
- 乘地铁板桥线在府中站2号出口出站后步行大约10分钟即达

接云寺的前身是雍正年间在中和石壁湖畔修建的慈云岩，之后迁至板桥时更名为接云寺，取接续慈云岩香火之意，迄今已有200余年历史。接云寺中主祀观音菩萨，庙前有一座规模宏伟的山门，以及由造型各异、雕工精美的佛像构成的围墙，与寺院中精美的石柱一同成为接云寺的标志之一。

04 慈惠宫
板桥地区第一座妈祖庙

90分!

Tips
- 台北市新北市板桥市府中路81号
- 02-2967-9252
- 免费
- 5:00—10:00
- 乘地铁板桥线在府中站2号出口出站后步行大约10分钟即达

作为板桥地区的第一座妈祖庙，慈惠宫迄今已有150余年的历史。每年农历三月廿三日妈祖圣诞的时候，慈惠宫内外都会张灯结彩，各地信徒与香客络绎不绝，颇为热闹。慈惠宫内一楼正殿与二楼正殿两边有千里眼和顺风耳的塑像，据说全台湾只有慈惠宫与西螺妈祖庙有这样的雕像，颇为特殊。

05 台湾艺术大学

●●● 台湾演艺明星的摇篮 ★★★★

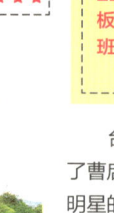

Tips
🏠 台北市新北市板桥市大观路一段59号　☎ 02-2272-2181　¥ 免费　🕐 7:00—22:00　🚇 乘地铁板桥线在板桥站3号出口出站,换乘台湾艺术大学的班车即达

台湾艺术大学的前身为台湾艺术专科学校,该校培育了曹启泰、吴宗宪、归亚蕾等众多知名艺人,被誉为演艺明星的摇篮。台湾艺术大学内经常会不定期举办各种艺术活动,许多作品用石头、木框、钢铁、塑料网、尼龙布、麻绳、钓竿和鱼线等作为原材料,赋予风景优美的大学校园独特美感。游客在台湾艺术大学观光游览之余,还可以去校内艺术博物馆与综合大楼之间的生活区开设的咖啡馆小憩片刻,或是在露天剧场欣赏表演。

06 大关义学

●●● 清朝中叶的古建筑 ★★★★

Tips
🏠 台北市新北市板桥市文昌街12号　☎ 02-2968-5028　¥ 免费　🕐 9:00—16:00　🚇 乘地铁板桥线在府中站3号出口出站后步行大约10分钟即达

大关义学始建于1873年,前身是清朝同治年间为平息漳、泉械斗,由板桥地区的士绅捐资建立的大观社,同时还在正殿供奉文昌帝君,座前同祀孔子,现今每到考试季节都有众多考生前来上香祭祀,祈求能够金榜题名。

好吃 EAT

01 南雅夜市
75分!
●●● 展现板桥的生命力与活力 ★★★★

位于南雅东路到南雅南路一带的南雅夜市，毗邻板桥后火车站，拥有大量令人眼花缭乱的特色小吃，迄今已有30余年的历史，被誉为"板桥人美食文化的缩影"。每天夜幕降临后，南雅夜市都是灯火通明，人声鼎沸，一片热闹非凡的场景。蚵仔煎、好吃麻油鸡、宋家蟹肉、红烧鳗鱼等风味老店，吸引了众多游客光临。

Tips
- 台北市新北市板桥市南雅东路到南雅南路一带
- 17:00—24:00
- 乘地铁板桥线在府中站2号出口出站后步行大约10分钟即达

02 黄石市场
●●● 地道的传统小吃 ★★★★

由北门街、宫口街、文昌街、后菜园街组成的黄石市场，是板桥人平日经常光顾的美食市场，市场内有各种传统小吃，肉羹、炸臭豆腐、生炒鱿鱼羹等无不令人食欲大振。

Tips
- 台北市新北市板桥市北门街、宫口街、文昌街、后菜园街一带
- 乘地铁板桥线在府中站3号出口出站后步行大约10分钟即达

台湾
攻略HOW

Part.11
台北龙山寺

龙山寺周围有艋舺龙山寺、艋舺公园、华西街观光夜市、万华夜市、艋舺地藏庵等很值得一去的地方。

台北龙山寺 特别看点！

第1名！
龙山寺！

100分！

★ 全台湾最著名的古刹之一！

第2名！
西门町！

90分！

★ 西门町不仅仅是一条街，也有堪与东京原宿相比的时尚商店！

第3名！
万年商业大楼！

75分！

★ 销售的都是当下最流行、最时尚的货品！

好玩 PLAY

01 龙山寺 100分！
台北市第一名刹 ★★★★

Tips
- 台北市广州街211号
- 02-23025162
- 09:00—17:00
- 地铁板南线龙山寺站下

始建于清乾隆三年（1738）的龙山寺位于台北市万华区，万华旧称艋舺，是台北市最早开发的地方，同时也是全台湾最著名的古刹之一。

龙山寺坐北朝南，是一座中国传统宫殿式建筑，自外至内依次是山门、庙埕、前殿、中庭、大殿后庭、后殿。殿前左右护龙，上有钟鼓楼，门壁梁柱极尽精雕细琢。龙山寺庙埕左右两侧分别设有净心瀑布和喷泉水池，前殿的八角藻井和铸铜龙柱富丽堂皇，与大殿内的金柱圆形螺旋状藻井相映生辉，堪称台湾传统寺庙的代表。

除了色彩鲜明的建筑外，龙山寺内前殿、大殿和后殿中共有7个香炉，供奉了100多尊各式神明，佛、道两派众多神明都可以在龙山寺看到，信徒们生育、平安、财富、医药、考试、消灾、安息等各式祈求祭拜都可以满足，形成了龙山寺内多神共祀的独特现象。此外，每年农历正月十五到十九日，龙山寺中还会举办花灯展览和平安灯等传统活动，吸引了大量游客。

02 艋舺公园
美丽浪漫的公园 ★★★★

Tips
- 台北市广州街西园路交叉口
- 02-2302-6256
- 6:00—22:00
- 乘地铁板桥线龙山寺站1号出口出站即达

位于龙山寺对面的艋舺公园中,有结合了水与光等现代科技元素的超大喷水池,同时还具有放映水幕电影和音乐喷泉的功能,每到整点都会有水舞表演。此外,广场的地面设有星象标志,融合了西方12星座与中国28星宿的概念,共计2000多颗璀璨的星星,每到夜晚就会闪闪发光,与夜空繁星相映成趣。

03 西门町
年轻人聚集的时尚潮地 ★★★★ 90分!

Tips
- 台北市中华路
- 02-2720-8889
- 乘地铁板南线或小南门支线在西门站下

即使是对台湾了解甚少的人,也会听过西门町这个地名。不论是文学著作还是歌曲,说到台北必会提到西门町。西门町的地名来自日据时代,当时的居民大多居住于台北城内,而西门区域是主要的休闲娱乐场所。1896年这里有了第一家戏院"东京亭",1922年左右正式以"西门町"命名这片区域。

电影院是早期西门町主要的商业场所,当时的电影院大多分布于峨眉街、成都路与西宁南路上;1949年以后,随着大量资金的涌入,百货业及其他娱乐场所相继在这里出现。在"中华商场"完工之后,西门町俨然已成为台湾最大的商业娱乐中心。

现今的西门町不但是历史的见证,还是流行文化的领跑者。不仅有怀旧的中老年人来此饮茶、听戏、回味往事,更有打扮新潮的年轻一代在街边流连,两种完全不同的生活形态在此交融而毫不冲突,对外地游客更具吸引力。

04 青山宫
百年历史的古庙 ★★★

位于台北市万华区的青山宫始建于清咸丰四年（1854），庙内供奉灵安尊王，又称为青山王，故而名为青山宫，又名青山王馆。相传当年渔民将灵安尊王的神像从内地请来台湾，在经过旧街一带时突然抬不动了，之后掷筊问神方才知道灵安尊王要住在当地，于是就在当地修建庙宇。

自清末以来，青山宫一直是艋舺地区泉州三邑人的宗教信仰中心，每年农历十月廿二和廿三两日，为庆祝主神青山王之诞辰，青山宫都会举行盛大庆典，轰动之极，区内各庙宇也都出来一起庆贺，人称"艋舺大拜拜"，场面非常热闹，是艋舺最具特色的节庆大拜拜。

Tips
- 台北市万华区贵阳街二段218号 02-2382-2296
- 6:00—21:00 乘地铁板南线龙山寺站下车后沿西园路前行左转即达

05 艋舺清水岩
古朴的寺庙 ★★★★

始建于清乾隆五十五年（1790）的艋舺清水岩是供奉福建安溪地区守护神、清水祖师陈昭应的寺庙，迄今已有200余年的历史。寺院中保存有大量文物，其中山墙上青灰色的琉璃砖雕图案颇为精巧，结合了中国传统的吉祥图案，很是引人注目。

Tips
- 台北市康定路81号 02-2371-1517
- 6:00—21:00 乘地铁桥板线龙山寺站1号出口出站后步行大约10分钟即达

06 学海书院
文化气息浓郁的高家祠堂 ★★★★

学海书院本名文海书院，为前后两进的格局，前厅是旧日的讲堂，后厅为祭祀厅，左右厢房是学舍。现在书院已成为高家祠堂，这是因为在日据时代日本人将没有归属的建筑及地皮进行拍卖，高家人珍惜这里的建筑，因此买下来作为祠堂使用。

现在的祠堂前有一对旗杆，旗杆上有一个代表本家曾出过举人的斗。祠堂的屋脊是弯弯的燕尾形，这也是家中有举人才可以加盖的屋脊，在传统建筑学中燕南飞是吉祥的寓意。祠堂屋脊上的装饰是从彩色的瓷碗上剪下彩色花样，再一片一片地拼出的各种图形，古典而优美。屋顶大量使用在当时只有官邸或者是庙宇才能用的半圆桶形铜瓦，辉煌而又不失气魄。

Tips
- 台北市万华区环河南路二段93号 02-2306-4468
- 8:00—17:00 乘地铁板桥线龙山寺站1号出口出站后步行大约10分钟即达

07 中山堂
表演戏剧或举行音乐会的大会堂 ★★★

Tips
台北市延平南路98号　02-2381-3917　免费　9:00—17:00　乘地铁板南线西门站5号出站口出站后步行2分钟即达

中山堂所在地原为清政府所设布政使司衙门。甲午战争后清朝战败，被迫割让台湾给日本，日本官员遂进驻该衙门，对台湾开始殖民统治。1928年，日本政府为纪念裕仁天皇登基，进行了一系列的建设活动，布政使司的改建即是其中之一。1931年，衙门建筑物被拆除移至城外，即今台北植物园。原址于1932年12月改建台北"公会堂"，并于1936年完工，为日本知名建筑家井手薰的作品。日本战败投降时，国民政府选定了该地举行台湾受降典礼，同年更名为中山堂。

中山堂属于折中主义风格的现代建筑，外观简单明快，有伊斯兰教的特色，有阿拉伯风格的拱窗，正面大楼梯悬挂有黄土水先生所绘的《水牛群像》。中山堂曾一度作为各界重大集会的场所，现外租为文化表演场所。

08 电影主题公园
以电影为主题的公园 ★★★★

地处西门町的电影主题公园，前身为台北煤气公司，为振兴电影产业并促进台湾电影艺术的发展，台北市当局将其改建为电影主题公园。公园内分为餐饮区、纪念品销售区、户外影音广场区等不同区域，还经常举办各种公益活动和演唱会，是台北一处新兴的休闲娱乐场所。

Tips
台北市康定路19号　02-2312-8008　乘地铁板南线西门站6号出口出站后步行大约10分钟即达

09 合作金库银行
用猫头鹰装饰的银行 ★★★

位于台北市衡阳路的合作金库银行外观朴素，其前身曾是台北信用合作社，墙上的猫头鹰雕像颇为醒目，是银行的标志之一，吸引了来自各地的游客在银行门前拍照留念。

Tips
台北市衡阳路87号　02-2331-1041　免费
乘地铁板南线西门站4号出站口出站后步行5分钟即达

10 天后宫
没有弘法大师像的妈祖庙 ★★★★

Tips
台北市成都路37号　免费　5:00—22:00　乘地铁板南线西门站6号出口出站后步行大约5分钟即达

台北天后宫始建于清乾隆十一年（1746）。据台湾史料记载，清康熙年间，施琅领清兵攻打台湾时梦见妈祖在黑水沟（今台湾海峡）助战，次日前往澎湖妈祖庙朝拜，果见妈祖神像上所绘袍服已被海水浸湿，乃上奏朝廷封妈祖为天后，从此妈祖信仰也在台湾传播开来。

台北天后宫原名"新兴宫"，原址在艋舺直兴街。相传清乾隆年间，一艘贸易商船来到艋舺，将船中所奉妈祖神像上岸供奉，返航时却频遇风浪，船主猜想可能是请回船上的妈祖有意留下，于是再度将妈祖请回岸上才顺利返回。后来艋舺地区的商人们集体捐资，建成了"新兴宫"将其供奉。该庙与艋舺龙山寺和艋舺祖师庙并称台湾清代艋舺三大庙门。

日据时期，日军为开辟防空道路，将新兴宫拆除。"二战"结束后，妈祖方才于西门町弘法寺再度受到祭祀，1967年正式更名为"台北天后宫"。每年农历三月二十三日为妈祖诞辰，台北天后宫都会举行妈祖出庙巡游活动。庙内妈祖像两旁并祀千里眼、顺风耳，入口处一对青石狮子、堂钟、神龛及八仙香炉均为清代文物。

因天后宫原为日据时期修建的供奉日本真言宗创始人空海大师的弘法寺，所以侧殿仍然有一尊弘法大师立像受到祭祀，日本高野山金刚峰寺及东京别院每年10~12月，都会轮流派遣高僧到台湾举行法会。

11 红楼剧场
醒目的红砖建筑 ★★★★

Tips
台北市万华区成都路10号　02-2311-9380
11:00—22:00　乘地铁板南线到西门站下

建于清光绪三十四年（1908）的红楼是一座红色的八角形西洋建筑，故而得名红楼。原名市场八角堂，日据时期曾是集市的所在，一层售卖花卉、杂志和玩具，二层则经营日本进口食品、杂货及台湾名产。

2002年重新对公众开放的红楼剧场，其红色的外墙在西门町上非常醒目，一层是文化展示馆，游客在其中可以领略红楼的百年历史。二层则搭建了一个舞台，经常举办各种传统戏剧表演、演讲和音乐会等活动，没有活动时则是一间普通的茶艺馆。

好买BUY

01 环球购物中心
●●● 新北市最大的综合商厦   ★★★★

毗邻板桥监理所的环球购物中心是新北市规模最大的复合式购物中心，现代化的建筑外观气势雄伟，圆弧造型的购物中心分为地下3层、地上6层，购物环境舒适。除了精品服饰和美食餐厅外，环球购物中心内还有一家电影院。

Tips
🏠 台北市新北市中和市中山路三段122号
📞 02-7731-7999 🕚 11:00—22:00 🚇 乘地铁板桥线在江子翠站1号或3号出口出站，换乘免费班车即达

02 远东百货公司
●●● 历史悠久的老牌百货公司   ★★★

远东百货公司是台湾知名的连锁百货公司，英文简称为FE21'、FE21' Mega、FEDS。在它成立以来的40多年间，已经在全国各地开有12家分店，其中在台湾就有8家百货公司及1家购物中心，它的台北宝庆店于1972年开业，就位于西门町的宝庆路，是一栋有着地下2层、地上8层的建筑。

Tips
🏠 台北市宝庆路32号 📞 02-2381-6088 🚇 乘地铁板南线至西门站下，步行10分钟即达

远东百货公司主要以经营百货商品、餐饮娱乐和生鲜超市为主，是一家大型的综合性休闲百货公司。与台北的许多百货公司不同的是，远东百货公司并没有走高档路线，而是选择了更为贴近市民的平价路线，还经常举行一些特卖会和折价、满额赠送、大抽奖等活动，因此得到了西门町这里许多青年男女的青睐。这里的服饰虽然价格低廉，但大多是国内国际的知名品牌。

03 诚品116
●●● 约会见面的地标建筑 ★★★★

Tips
- 台北市汉中街116号 ☎ 02-2370-0588
- ⏰ 11:30—22:30 🚇 乘地铁板南线西门站6号出口出站后即达

位于西门町地铁站前的诚品116是一幢充满现代元素的大厦，地处西门町核心位置的诚品116更是年轻人周末假日约会见面的首选。作为台北市流行时尚资讯的发布地，诚品116内有大量经营饰物和各式小物件的小店。此外，不论各式运动用品还是化妆品、二手服饰或餐厅都深受年轻人喜爱。最特别的是"WHO'S WHO"为诚品与年代合作的多功能演艺场，每年提供演出200场以上，包括小剧场、演唱会、歌友会、录音节目等表演活动。此外，在诚品116门前还经常举办各种活动，其中不乏知名艺人现身，每逢周末都会吸引大批FANS聚集在诚品116门前，堪称一处引导台北市流行时尚的综合商厦。

诚品116中常有各品牌的特卖会不定期开张，届时可见诸多穿着前卫的青年手拎大小包袋心满意足地扫货归来，这时抢购心仪的款式往往会有出人意料的好折扣。

04 万年商业大楼
●●● 台北"御宅族"的根据地 ★★★★ 75分！

Tips
- 台北市西宁南路70号 ☎ 02-2381-6282
- ⏰ 11:00—21:30 🚇 乘地铁板南线西门站6号出口出站后步行大约5分钟即达

位于台北市西宁南路的万年商业大厦地处峨眉街和西宁南路的交会处，往来的行人抬头就可看到万年商业大楼的巨大LOGO，在这栋被誉为"台北御宅族根据地"的大楼内充满贩卖手办模型、偶像商品、动画、模型、游戏软件的商铺，各种在"御宅族"眼中堪称珍品的商品随处可见，每到傍晚和周末假日都人流如织，是观察台北"宅"文化的最佳地点。

好吃 EAT

01 华西街观光夜市
全台第一座观光夜市 ★★★★

　　成立于20世纪50年代的华西街夜市是全台湾第一个观光夜市，堪称台北街头小吃文化的发源地。由于华西街夜市所在的广州街至贵阳街二段曾是当年台湾的红灯区，因此华西街夜市拥有大量主打滋补身体的药膳坊、野味店和海鲜店。

　　街口的牌楼在夜幕降临后灯光璀璨，堪称万华地区的标志性景点。由于拥有50余年的历史，华西街夜市内大量小吃摊现今在台北饮食界名气颇响。

Tips
- 台北市华西街1号（万华火车站至华西街一带）
- 18:00—次日凌晨3:00
- 乘地铁板南线龙山寺站1号出口出站后，沿西园路步行约10分钟即达

02 广州街夜市
美味热闹的夜市 ★★★★

　　毗邻华西街夜市的广州街夜市汇集了众多美食摊位，最知名的是创建于1921年的两喜号鱿鱼羹老店，用生鲜鱿鱼入汤煮熟后再勾芡，鱿鱼脆韧有劲。

Tips
- 台北市广州街
- 15:00—24:00
- 乘地铁板桥线在龙山寺站1号出口出站后步行5分钟即达

03 龙都冰果专业家
自制配料的特色刨冰店 ★★★★

位于台北市广州街的龙都冰果专业家创业于1920年,食客在此可以品尝到传统风味的刨冰,其中招牌甜品八宝冰更是加入了红豆、花生、芋头等8种配料而制成,难怪店门前每天都会排起长长的人龙。

Tips
- 台北市广州街168号
- 02-2308-3223
- 11:30—次日凌晨1:30
- 乘地铁板南线在龙山寺站1号出站口出站后步行大约5分钟即达

04 成都杨桃冰
可吃到杨桃果肉的杨桃冰 ★★★★

成都杨桃冰创立于1966年,以风味独特的杨桃冰闻名。成都杨桃冰选用的是屏东产新鲜杨桃,经过3个月的腌制后,在果肉中加入碎冰,清爽甜脆的口感配上酸甜解渴的杨桃汤,冰凉可口的滋味令人印象深刻,是西门町最热门的冰品店之一。

Tips
- 台北市成都路3号
- 02-2620-9989
- 11:30—22:30
- 乘地铁板南线西门站6号出口出站即达

05 鸭肉扁
●●● 创立60年的老店 ★★★★

创立于1950年的鸭肉扁迄今已有60年的历史，虽然店名是鸭肉扁，实际上这家小食店经营的是鹅肉。鸭肉扁的鹅肉水煮后用木炭小火烟熏，带有轻微的炭香味道，肉质甘甜，令人回味无穷。除了美味可口的鹅肉，食客还可以品尝到用煮鹅的高汤煮出的汤面和米粉，鸭肉扁被誉为西门町最美味的小食店之一。

Tips
- 台北市中华路一段98-2号
- 02-2371-3918
- 9:30—22:30
- 乘地铁板南线西门站6号出口出站后步行大约5分钟即达

06 杨记玉米冰
●●● 美味冰品的绝妙体验 ★★★★

杨记玉米冰开店至今已有40余年,是台湾玉米冰的起源,当时只有红豆冰和绿豆冰。杨记玉米冰的老板率先用玉米粒来尝试制作刨冰,金黄清澈的色泽与甜中带咸的口感一炮而红,成为台湾闻名的甜品店之一。现今在杨记玉米冰可以品尝9种不同口味的玉米冰,其中采用宜兰产的花生和甘甜玉米制成的花生玉米冰最受欢迎,简单的搭配却恰到好处地创造出绝妙的口感。

Tips
- 台北市汉口街二段38、40号
- 02-2375-2223
- 11:30—22:30
- 乘地铁板南线西门站6号出口出站后步行大约10分钟即达

台湾
攻略HOW

Part.12 台北车站

台北车站是台北市最重要的交通枢纽，车站周围是台湾最繁华的商业街区之一，有台北地下街、台北新世界购物中心、重庆南路书店街、博爱路相机街等热门购物场所。

台北车站 特别看点！

第1名！
台湾故事馆！

100分！

★ 台湾故事馆是亚洲最大的情景展馆之一！

第2名！
博爱路相机街！

90分！

★ 见证了台湾照相器材的发展史！

第3名！
统一元气馆！

75分！

★ 汇集了数码、娱乐、休闲、观光和美食等众多时尚元素的大型综合卖场！

好玩 PLAY

01 北门
●●● 清朝时期的台北古城门　★★★

Tips
- 台北市忠孝西路和中华路交会处
- 免费
- 全天开放
- 乘地铁淡水线、昆阳线、板南线台北车站地下街1号出口出站后步行5分钟即达

台北府城在几百年的改建中，旧有城墙城门早已荡然无存，仅有府城北门保留至今。北门建成于1884年，因面朝北极星，承接皇恩，故正式名称为"承恩门"，是台北府城的正门。北门与府城的其他三座城门（西门于1905年拆除，东门和南门于1966年改建）一样，都是属于封闭的碉堡式城门，城座中央开有进出府城的城门孔道，上方匾额题有"承恩门"三字，加上落款"光绪壬午年"与"良月吉日建"。匾额上下雕莲花纹、左右刻宝瓶花卉，取"年年平安"之意。城门屋顶为单檐歇山顶，飞檐如燕尾般翘起，线条非常优美。

北门在清代就已是大稻埕居民进出台北城的主要通道，北面门洞上方题有"岩疆锁钥"的横额，该横额在日据时期被日本人拆除，成为总督官邸凉亭的础石，1998年2月才重新移回北门前方空地。游客在孔道可发现里面有两扇已朽坏的巨大木门，上裹镶铆钉的厚铁皮。城门台座为安山岩，城墙为红砖砌成，左右两面墙壁上建有拱形门洞，而内外墙间设有巡哨的"回"字形走廊，这些均为防御设施。1998年重新整修后，北门成为台北市新的文物旅游景点。

02 中山史迹纪念馆

孙中山曾下榻的日式酒家

位于中山北路与北平西路交叉口附近的中山史迹纪念馆是一栋历史悠久的建筑，建于1900年，本是日本人开设的旅馆，因伟大的革命先行者孙中山曾在此下榻而得名。

现在的中山史迹纪念馆历经迁移和多次整修已经成为一个集碑亭、小桥、流水等于一体的观光、休闲公园。纪念馆大门是一座中式牌楼建筑，中山纪念馆所在的逸仙公园种植了松、竹、梅等清幽的植物，还有池塘、回廊、曲桥等，每到春夏时节，各种鲜花竞相开放，富有十足的中国庭园风味。

这个古色古香的纪念馆是座典型的传统日式木建筑，屋顶上覆盖着老式的暗黑色理想瓦，屋檐与挡雨板紧密结合，典雅朴实的风情搭配上四周的矮梅，显得格外幽静清雅，馆内陈设则模仿当年孙中山居住时的模样。这里除了用图片介绍孙中山先生在台湾的活动外，还有他当年用过的茶几、手稿、史料等文物，还有从旧金山搜集到的孙先生曾使用过的办公桌椅。众多文物中以孙中山先生为旅馆主人大和宗吉亲书"博爱"、为大和之弟藤井亲书"同仁"，最具有纪念价值。

Tips
台北市中山北路一段46号　02-2381-3559　免费　9:30—12:00，14:00—16:30　乘地铁淡水线、昆阳线、板南线台北车站出站后步行大约15分钟即达

03 台湾故事馆

亚洲最大的怀旧主题馆

台湾故事馆于2005年11月开幕，它位于台北站前、KMall商场的地下二楼，是亚洲最大的怀旧主题馆。台湾故事馆完美再现了台湾20世纪四五十年代的那些古街、古店、古布袋戏台、古剧院，还有极具时代特色的古餐饮店等街区场景，它以动态的方式，将台湾、台北市由古至今的日常生活记忆全部保存了下来。

台湾故事馆并不仅仅是一个博物馆，它还是一个集休闲和餐饮服务等功能于一体的综合消费场所。这里的店铺不只是摆设，它们真的在开门营业，门票里面就包含了代币券，可以用代币券在这里购买纪念品、食品，也可以在老街中的餐饮店就餐。有不少怀旧的食客经常光顾这里，也有许多人到旅游纪念品店里选购纪念品。

Tips
台北市中正区忠孝西路一段50号B2（KMall B2）　02-2388-7158　成人票250元新台币，儿童票100元新台币　10:30—23:00（最晚进场时间为22:00）　乘地铁淡水线、昆阳线、板南线在台北车站4、5号出口，地铁地下街6号出口出站后步行约2分钟即达

好买 BUY

01 博爱路相机街
摄影爱好者的圣地 90分！ ★★★★

Tips
- 台北市博爱路
- 因各店而异
- 10:00—20:00
- 乘地铁淡水线、昆阳线、板南线台北车站地下街1号出口出站后步行10分钟即达

博爱路上有台湾最密集的照相器材商行，可以说这条街见证了台湾照相器材的发展史。博爱路之所以会成为相机街，是因为这条路除了接邻台北城内的各办公机构与报社外，也与台北火车站相当近，如此形势构成了摄影器材商家进驻的绝佳位置与吸引条件。时至今日，博爱路一带已开设了约50家摄影器材店，即使不是专业的摄影爱好者也可以在博爱路相机街得到各式各样的贴心服务。除了可以在这里的商店购买琳琅满目的各式相机和镜头等摄影器材外，还可以购买各种胶卷和电池，或是数码相机的储存卡等旅行途中应急的小配件，商家还可为游客的数码相机或DV进行充电，并且提供快速冲印照片和数码照片的修改等服务。

与博爱路仅隔一条延平南路的中华路则是音响的专卖集散地，这里聚集了数十家音响店，再加上汉口街，形成了一个三角区域。由于科技的不断进步，静态摄影逐渐跨足延伸到动态录像，这一带也开始提供消费性录制影像、专业录制影像等相关设备，而音响也逐渐走向影音合一的共享共娱新趋势。

02 NOVA计算机卖场
台湾第一家大型计算机卖场 ★★★

Tips
- 台北市馆前路2号（台北火车站新光三越旁）
- 02-2381-4833
- 乘地铁淡水线、昆阳线、板南线台北车站下，往新光三越出口即达

台湾是世界三大IT产品生产地和研发重镇之一，这里的数码产品不仅性能优良，价格也不贵。来台北旅游的游客只要对数码产品有兴趣，就绝对不会错过位于馆前路2号的NOVA计算机卖场。NOVA计算机卖场是台湾登峰国际公司于1996年成立台湾第一家大型电脑卖场时创立的品牌，在台湾的电脑及数码零售市场占有率超过40%。

这里有4层楼，共134家店面，从计算机配件、笔记本电脑、PDA到手机、数码相机，几乎是应有尽有，而且商品的种类齐全，令人目不暇接。在NOVA计算机卖场，同样的数码产品，价格比起台北的其他地方都要便宜一些，遇到厂商举办活动的时候，甚至能够便宜一成以上。这里的消费者主要是学生，在这里还可以和商家讨价还价，正因为如此，NOVA计算机卖场也吸引了大量的游客。

03 重庆南路书店街
沿街遍布书店的街道 ★★★★

位于台北车站附近的重庆南路周边汇聚了大量出版社和书店，沿街林立的书店招牌鳞次栉比，吸引了大量书迷。由于重庆南路毗邻台北车站，每天经过这里的行人也经常会在路边的商店翻看各种杂志和畅销书，而这里的艺术图书、百科辞典、图鉴、写真集和外文书更是应有尽有，其中不乏大量特价书和经营各种文具、办公用品的商店，令人感觉空气中也弥漫着油墨的香味。

> **Tips**
> 台北市重庆南路　因各店而异　9:30—18:30
> 乘地铁淡水线、昆阳线、板南线台北车站地下街1号出口出站后即达

04 统一元气馆
大型电子产品卖场　　　　　　　　　　75分！
★★★★

> **Tips**
> 台北市忠孝西路一段50号　02-6630-8289
> 11:00—22:00　地铁淡水线、昆阳线、板南线台北车站地下街1号出口出站后步行5分钟即达

统一元气馆的前身是大亚百货，易主之后成为一家汇集了数码、娱乐、休闲、观光和美食等众多时尚元素的大型综合卖场，其中更包括大量IT类电子产品，以及免费电玩区和IT资讯讲座，个人电脑也可以拿到这里进行维修。此外，统一元气馆还经常举办各种签售会和新品发布会。

115

台湾
攻略HOW

Part.13 台北忠孝敦化

忠孝东路商圈是台北最繁华的商圈,拥有众多大型百货商场和餐厅,引领台北时尚潮流。

台北忠孝敦化 特别看点！

第1名！
市长官邸艺文沙龙！

100分！

★ 一个平心静气地欣赏各种艺术作品的好地方！

第2名！
诚品书店！

90分！

★ 24小时营业，"阅读零时差，知识不打烊"！

第3名！
微风广场！

75分！

★ 台北第一家以美式休闲风格为主的大型购物中心！

 好玩 PLAY

01 市长官邸艺文沙龙 100分！
变身为艺术沙龙的市长官邸

市长官邸艺文沙龙前身是日据时期的市长官邸，隐匿在一派生机盎然的绿色之间，充满艺术气息的庭园和木质结构的房屋都令人身心自在。现今艺术沙龙除了礼堂外，还设有咖啡室和书店，浓郁的艺术气息颇受年轻人欢迎。

Tips
- 台北市徐州路46号
- 02-2396-9398
- 免费
- 9:00—23:00
- 乘地铁板南线在忠孝新生站出站后步行大约10分钟即达

02 华山创意文化园区
由工厂改建的创意空间

华山创意文化园区最初本是战前酿酒厂遗址的所在，现今已经改建成为一处充满休闲浪漫风情的公共创作空间。华山创意文化园区内有大量旧仓库，现如今都已经开放为年轻艺术家的创作工作室，这里还会举办各式画展，是一处散发着艺术气息的地方，吸引了许多年轻人。

Tips
- 台北市八德路1段1号
- 02-2392-6180
- 9:00—22:00
- 乘地铁板南线在忠孝新生站1号出口出站后步行5分钟即达

03 树火纪念纸博物馆
了解独特的纸文化

为纪念陈树火先生而开办的树火纪念纸博物馆，迄今已有10余年历史，博物馆1层设置有缩小版的长春棉纸场，并由工作人员示范造纸的各个步骤；2层展示从古至今各种关于纸张的历史，并且还会不定期展出一些艺术家的作品；3层可以了解到莎草纸的制作工艺与特点；4层则可以亲自参与制作纸张的DIY，是一次不可多得的独特纸文化之旅。

Tips
- 台北市中正区长安东路二段68号
- 02-2507-5535
- 180元新台币
- 9:30—16:30
- 乘地铁板南线忠孝新生站4号出口出站后步行大约10分钟即达

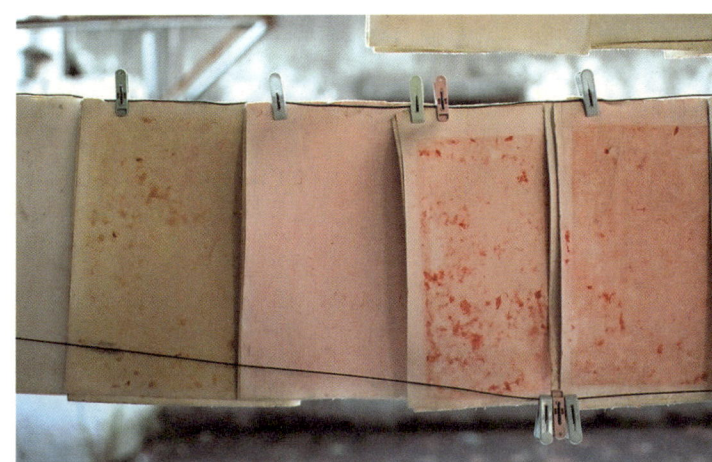

好买 BUY

01 新光华商场
● ● ● 台北最热门的数码集散地　　　★★★★

老新光华商场因光华路桥拆迁而搬迁至现今市民大道与金山路交会处，它是台北最热门的数码产品集散地，各种IT产品、音响设备都可以在这里找到，同时还有大量商品与日本动漫主题相关，因而被誉为"台北的秋叶原"。

> **Tips**
> 🏠 台北市新生北路与市民大道口　☎ 02-2341-2202　🕙 10:30—21:30　🚇 乘地铁板南线忠孝新生站1号出口出站后步行10分钟即达

02 京华城购物广场
● ● ● 造型别致的球形商城　　　★★★★

京华城购物广场以奇特的"双龙抱珠"造型闻名于世，是世界上最大的球形商场建筑。它位于台北市的八德路四段、东宁路和市民大道之间，中间的巨大球形商场里卖的多是平价商品，而环抱着它的两边象征着双龙的建筑，则以销售世界知名服饰、家用品牌的专卖店为主。

> **Tips**
> 🏠 台北市松山区八德路四段138号　☎ 02-3762-1888　🕙 11:00—22:30　🚇 搭地铁板南线至中山纪念馆下，往市民大道步行约10分钟

这栋大型购物中心地上12层、地下7层，它最大的特色就是24小时营业而且全年无休，非常适合白天游览景点、晚上逛街的游客。在百货楼层晚上11:00打烊之后，既可以去地下1层的喜满客街区品尝小吃、看电影，也可以去9楼的首部曲KTV体验一下台北音乐的流行趋势，还可以到顶楼的女狼俱乐部、PLUSH等时尚酒吧小酌、热舞、看夜景，各种各样的娱乐方式足以让人玩到天亮都不觉得疲倦。

03 微风广场

75分!

购物环境舒适的大型商城

台北的微风广场一直都是台北时尚流行界的风向标，它位于市民大道及复兴南路口，是一座结合了购物、休闲、餐饮、娱乐等项目的综合型多功能大型购物中心，也是台北市第一座完全以美式休闲风格为主题的大型购物中心。

微风广场分为A、B两个区，其中A区地下3层，地上9层，主要以销售高档品牌服饰、生活用品、日用杂货和家具装饰为主。B区呈"L"形，地上2层，地下4层，专门销售各种奢侈品，这里有PRADA、Jimmy Choo、BURBERRY等国际著名品牌的专柜。2层有完全按照20世纪50年代老街景物仿制的"黑松世界"展览馆，纪念原本位于此地的生产汽水的黑松台北中仑公厂。

微风广场还有请模特或时尚艺人作为代言人的习惯，其第一任形象代言人就是著名模特林志玲，她的形象被广泛用于各种购物型录和活动宣传海报，也为台北的百货业添上了亮丽的一笔。

Tips
台北市复兴南路一段39号　02-6600-8888、0809-008888　11:00—21:30　乘地铁板南线、木栅线至忠孝复兴站下，往市民大道步行约10分钟即达

04 太平洋SOGO百货

足以代表华人地区消费指标的百货公司

太平洋SOGO百货是一家百货连锁集团，创立于1987年11月11日，在上海、成都、重庆、北京、大连等城市都开有分店，而在台湾则更是百货商场中的龙头，仅仅台北市里就有着忠孝馆、复兴馆、敦化馆和天母店4家分店，分别位于忠孝东路四段45号、忠孝东路三段300号、敦化南路一段246号和士林区的中山北路六段77号，可以说占据了台北市最繁华的地带。

早在台北市最繁华的忠孝敦化商圈还没有通行捷运的时候，太平洋SOGO百货就已经是这里的象征了。那时在忠孝敦化商圈里，太平洋SOGO百货是上班族与高档消费族群最喜爱的地方之一，因为这里的商品不仅高档、有品位，而且引领着时尚潮流。直到如今，太平洋SOGO百货依然有着许多忠实的顾客光临，这里依旧是台北时尚服装的最前线。

Tips
台北市忠孝东路四段45号　02-2776-5555　乘地铁板南线至忠孝复兴站下，由4号出口至太平洋SOGO百货公司

05 茶街

茶香浓郁的街道

隐匿在忠孝东路小巷之中的茶街是一条沿街两侧林立着众多茶店的街巷，不论阳光明媚的午后还是暮色低垂的夜晚，都可以看到许多年轻人聚集在店内聊天、打牌。此外，这些24小时营业的茶店除了提供分量十足的饮品外，还有各种简单的餐点，是颇受台北年轻人欢迎的休闲聚会场所。

Tips
台北市忠孝东路四段181巷7弄　乘地铁板南线在忠孝敦化站1号出口出站后步行大约3分钟即达

台湾攻略　台北忠孝敦化

06 诚品书店
文艺青年的朝圣殿堂 90分！ ★★★★★

Tips
 台北市敦化南路一段245号　☎ 02-2775-5977
⏰ 全天24小时营业　🚇 乘地铁板南线在忠孝敦化站6号出站口出站后步行5分钟即达

台北的大型连锁书店——诚品书店被誉为台北市最具文化气息的地标，书店内除了琳琅满目的各种图书外，空气中还弥漫着浓郁的咖啡香气，与书香一同陪伴在书迷的左右。诚品书店明亮开阔的空间是简约时尚的布置，伴着轻柔的音乐和整齐有序的茶色书柜，营造出一种令人心情愉悦的人文艺术氛围。

除了各种畅销书外，不论是哲学艺术还是流行杂志都可以在这里找到，而书店内附设的咖啡厅更是提供了一个可以尽情享受"悦读"快感的地方。捧着自己喜欢的书坐在窗边，点一杯香气阵阵的咖啡，令每一个初到诚品书店的人都会立刻爱上这里。

除了各式图书外，诚品书店还经营一些自制的记事本和明信片等小物件，非常适合作为纪念品买回家中慢慢把玩。

此外，不同于传统书店，自1999年3月开始，诚品书店就将营业时间调整为24小时营业，并且以"阅读零时差，知识不打烊"的口号，令诚品书店成为台北市内一道别样的文化风景线。

07 忠孝敦化商圈
台湾最大的繁华街区 ★★★★

忠孝敦化商圈台北人一般叫作"东区"，指的是忠孝东路与敦化南路交叉口附近的商圈。这里交通便利，捷运系统与公交车路线星罗棋布，商业活动繁华兴盛，百货公司、餐厅林立，所有的名牌服饰或连锁店的总店几乎都设立于此，使得商圈持续扩大，发展成今日的规模。一般来说，从敦化北路南京东路口一直延伸至"台北市政府"周边的区域，都可通称为东区。

Tips
 台北市忠孝东路三、四段及敦化南、北路　🚇 乘地铁板南线在忠孝复兴站或忠孝敦化站下

东区的繁华在台北是首屈一指的。在信义路与忠孝东路间的敦化南路几乎已经成为世界名牌旗舰店展览一条街，每隔三五步，就能看到陈列着精致且高品位的名牌服饰、珠宝、鞋子和皮具。入夜时分，偶尔还有摊贩聚集，游客摩肩接踵，热门音乐与叫卖声不绝于耳。这里的咖啡厅和快餐店装饰新颖亮丽，总是高朋满座，许多知名餐厅甚至还需要排队领号才能入场，由此可见这里的人气。

好吃 EAT

01 安和路
享受令人放松的夜生活 ★★★★

安和路是忠孝东路四段和平行的仁爱路之间的一条小巷，沿街林立着大量烧烤店、咖啡馆和啤酒屋，以及大量时尚氛围浓厚的酒吧，是台北市内知名的夜店街。每到夜幕降临，整条街都会灯红酒绿，光影交织，经过一天繁忙工作后尽情释放激情、享受放松夜生活的人们在这里聚会HAPPY。

Tips
- 台北市忠孝东路四段和平行的仁爱路之间
- 乘地铁板南线忠孝敦化站出站后步行大约5分钟即达

02 犁记饼店
拥有百年历史的台湾点心店 ★★★★

犁记饼店是一家拥有百年历史的老字号点心店，点心的种类非常丰富。这里的一大特色就是客人可以按照喜好自行搭配点心，是馈赠亲友的绝佳选择。

Tips
- 台北市长安东路二段73号
- 02-2506-2255
- 9:00—21:00
- 乘地铁板南线在忠孝新生站出站后步行大约10分钟即达

03 三四味屋
台北老字号的居酒屋 ★★★★★

装饰风格充满时尚现代感的三四味屋是一家老字号的居酒屋，餐馆内的料理除秉持老店精华外，还加入了大量创新的菜品，这里的招牌菜是风干了三天的"炭烤风干鱼"，以及用每天从澎湖空运来的新鲜花枝丸做成的"烧烤手工花枝丸"。

Tips
- 台北市复兴南路一段126巷1号3楼
- 02-8773-4888
- 11:30—14:30，17:30—24:00
- 乘地铁忠孝复兴站东区地下街1号出口出站后步行大约5分钟即达

台湾攻略 台北忠孝敦化

台湾
攻略HOW

Part.14
台北101大楼

　　台北101大楼位于台北最知名的信义商圈,周围不仅有新光三越信义新天地、信义诚品旗舰店等大型商厦,还有威秀影城、NEO19购物商场等,是台北市顶尖热门的商圈。

台北101大楼 特别看点！

第1名！
台北101大楼及观景台！

100分！
★台湾第一高楼，台北的地标性建筑！

第2名！
新光三越信义新天地！

90分！
★堪称台北最负盛名的潮流圣地之一！

第3名！
台北探索馆！

75分！
★从昔日的台北市政资料馆改造而来！

好玩 PLAY

01 台北中山纪念馆
◆◆◆ 台湾的文化艺术胜地 ★★★★★

Tips
🏠 台北市仁爱路四段505号　☎ 02-2758-8008
🕘 09:00—17:00　🚇 乘地铁板南线台北中山纪念馆站下

　　台北中山纪念馆于1975年落成，是纪念孙中山先生的主要场所，又是建有博物馆、表演厅等设施的多功能综合型文化艺术中心。

　　纪念馆由建筑师王大闳设计，主体是仿唐飞檐式建筑，古风浓郁，坐落在绿草如茵、花木扶疏的中山公园之中，成为台北东区著名的景观。

　　台北中山纪念馆合并了阳明山中山楼，起初主要用来陈列孙中山革命史迹，现在则是具备多种功能的社教文化中心。这里拥有国际知名的演艺厅和占地数千平方米的展览场所以及多媒体影院、视听中心、演讲厅、中山讲堂等设施，更有藏书30余万册的专业图书馆及景色明净的翠湖展演区和中山公园。

　　台北中山纪念馆中各项活动的策划都以弘扬孙中山先生"博爱"、"天下为公"、"人生以服务为目的"的崇高理想为出发点，是认识并了解孙中山先生思想及生平的最佳去处。

02 台北探索馆 — 了解台北历史的地方 （75分！）★★★★

Tips
- 台北市市府路1号（市政大楼西区低层栋1至4楼）
- 02-2757-4547　周二至周日9:00—17:00
- 乘地铁板南线至"市政府"站下车，第2号"台北市政府"出口，走基隆路，再走市府路即达

台北探索馆成立于1994年，早期是台北市政资料展示馆，之后经过更新规划重新定位，于2002年正式更名为台北探索馆，是台湾的第一座城市博物馆。

台北探索馆主要以探寻台北市历史文化的发展轨迹、推广科技教育、历史教育、艺术教育及市政建设成果为主，游客可以轻松地了解到台北的自然生态、人文、社会及各项休闲的发展情况。

台北探索馆共有4层，其中的发现剧场在全世界只有两座，它有着360°的全景大银幕，灯光、音效、电脑特效更是惊人，能够营造出真实环境中视野所见的景象。发现剧场的影片共有三部，分别为城市身世、城市生活、城市想象，不仅介绍了台北市的过去、现在，还对台北市的未来发展方向进行了深入的思索与研究。

03 台北101大楼及观景台 — 台北市地标建筑 （100分！）★★★★★

Tips
- 台北市信义区市府路45号　02-8101-7777
- 10:00—20:00　800元新台币　乘地铁板南线至"市政府"站下，步行或换乘32、537、蓝5、蓝10、台北101接驳车即达

台北101大楼位于台北市信义区，总高508米，是台北市的地标建筑。大楼于1998年1月动工，2003年购物中心开始营运，办公大楼在2004年12月正式启用。从建成之日起至2009年，台北101一直在世界最高的建筑之列。台北101的建筑风格前卫，融合东方古典文化及台湾本土特色，造型创意取自竹子的"节节高升"。楼内多采用高科技材质及富有创意的照明系统，视觉穿透效果使整体感觉透明清晰，与周边环境和谐融合。每天落日后，大楼的夜间灯光以彩虹的七种颜色为台北都会带来视觉上的全新体验。

台北101内设世界上最快速的恒压电梯，只要37秒就可以从5楼直达89楼观景台。观景台向来是游客不可错过的景点，这里可居高鸟瞰台北盆地，将近处错落的建筑与远处的青山绿水尽收眼底。在观景台上还可参观世界上最大、最重的风阻尼器，它能吸收振动能量，避免高楼在强风中大幅度晃动。

04 台北信义威秀影城 — 台北最受年轻人欢迎的娱乐热点 ★★★★

Tips
- 台北市松寿路18号　02-8780-5566　影院10:20—次日凌晨2:40，商店11:30—24:00　乘地铁板南线至"市政府"站2号出口出站后沿市府路步行至松寿路即达

位于台北市松寿路的台北信义威秀影城是台北市内最大的综合影城，共有17间不同规模的放映厅以及美食广场和时尚服饰店等，影城附近还有纽约&纽约展览购物中心、NEO19、新光三越百货信义店等大型购物中心，堪称台北最繁华的地区，周末及节假日常被年轻人和情侣作为聚会娱乐的首选。

信义威秀影城装饰时尚前卫，是台湾唯一经过THX世界标准场环境认证的标准影院。放映厅内超大广角弧形银幕和球场式座位排列的高背沙发座椅都令观众可以得到最舒适的观影享受，吸引了大量年轻人和情侣。此外，在信义威秀影城内还有影城首创的"个性式柜位"美食城。

127

好买 BUY

01 台北101购物中心
大楼内的购物中心 ★★★★

台北101购物中心位于台北市信义区地标建筑"台北101"大厦中。购物中心在B2-B4共有1100个车位，外围500米内共15座停车场，顾客完全不必担心无处停车的尴尬。地下1层是生活广场，除了有来自世界各地的美食，更设有诸多独具创意的生活个性商店，为顾客提供惊喜又贴心的服务。

购物中心1~4层都是国际品牌的大卖场，从服饰配件到化妆品，从台湾地区的特色品牌到国际顶尖大牌的旗舰店，在台北101一次便可满足顾客对品位与潮流的追求。值得一提的是4F的都会广场，这里的大厅挑高40

米，占地1600平方米，四周是精心设计的采光设施及景观，兼有露天咖啡座及精致的西点铺，购物之余并可享受慵懒时光。

Tips
台北市信义区市府路45号　02-8101-7777、0800-000101　11:00—21:30　乘地铁板南线至"市政府"站下，步行或换乘32、537、蓝5、蓝10、台北101接驳车即达

02 信义商圈
台北最现代化的新都心 ★★★★

素有"台北曼哈顿"之称的信义商圈位于台北市信义区，大致包括了忠孝东路以南、松仁路以西、信义路以北、光复南路以东的范围，是台北市最具有指标性的新兴商业区。

这里人潮密集，从规划时就特意针对都市人群的休闲购物需求而专门设计，采用了低密度、低容积的开发方式，不仅在这里规划设置了相当多的景区，进驻的百货商场或企业大楼的建筑风格也都别具特色。

信义路四、五段间有着多家百货公司、饭店、时尚餐厅，像新光三越信义店、新舞台、纽约&纽约购物中心、华纳威秀，还有台北101都在这里。

白天的信义商圈是个商业金融中心，生活节奏忙碌快速。一到夜晚这里就变得光彩夺目，其夜景也是台北市的一道风景。而各种假日活动、游园会都会在信义计划区举行，流行音乐唱片发表、电影造势等娱乐活动，也会选择在这里举办。

Tips
台北市信义区　乘地铁板南线至"市政府"站转乘公交车或步行至各点

03 新光三越信义新天地

●●● 深受欢迎的流行信息发布地 90分！

位于台北市松寿路的新光三越信义新天地以出售最新、最潮的流行商品在台北流行圈中颇为知名，外观造型简约，充满现代元素，购物环境宽敞明亮，在台北市多家大型商场中屈指可数。由于新光三越信义新天地毗邻台北市最为知名的娱乐地标——台北信义威秀影城，每到假日都会吸引大量年轻人光顾，堪称台北最负盛名的潮流圣地之一。

Tips
- 台北市松寿路11号　02-8780-1000
- 11:00—21:30　乘地铁板南线在"市政府"站出站后步行大约10分钟即达

04 纽约&纽约展览购物中心

●●● 台北的"纽约"

Tips
- 台北市信义区松寿路12号　02-8780-8111
- 乘地铁板南线在"市政府"站下车，沿市府路步行至松寿路即达

　　纽约&纽约展览购物中心位于松寿路12号，就在著名的台北101大厦对面，旁边就是华纳威秀影城和世贸中心，从购物中心里可以直接从空中桥梁到达世贸中心和台北101大厦。纽约&纽约展览购物中心是由德杰企业集团投资兴建的，于1989年3月开张。它并不是普通意义上的百货公司，而是百货、运动、展览、会议以及喜宴等多项业务结合在一起的美式购物中心，也是台北地区第一家合法的民营展览馆。

　　在纽约&纽约展览购物中心里，有着世界各地的各类品牌商店，许多在别的百货商店里没有的商品在这里都能找到，因此也受到许多年轻人的欢迎。每到周末和假日，购物中心的门口都会举行展销活动或特卖会，还有许多充满了美式风格的新奇活动等着顾客前来参加。

台湾
攻略HOW

Part.15
台北南港展览馆

南港展览馆是全台湾面积最大的展览及会议中心，每年都有大量国际性的会展活动和新品发布会在南港展览馆举办，成为台湾与世界各地大牌厂商之间交流联系的平台。

台北南港展览馆 特别看点！

第1名！
虎山自然步道！

100分！
★ 山光水色的步行道！

第2名！
饶河街观光夜市！

90分！
★ 台北最受欢迎的夜市之一！

第3名！
佛光缘美术馆！

75分！
★ 收藏有大量与佛教相关的艺术藏品！

好玩 PLAY

01 佛光缘美术馆 75分！
以文化弘扬佛法的美术馆

毗邻松山火车站的佛光缘美术馆地处佛光山上，是一处佛教专业美术馆，美术馆内分为展览区、图书区及滴水坊，收藏有大量与佛教相关的艺术藏品，每隔2~3个月，美术馆内的藏品都会更换一批。此外美术馆每年还精心策划有各种专题展览，是一处借由美术作品的展示净化人心，以文化弘扬佛法的美术馆。

Tips
- 台北市松隆路327号10楼之1
- 02-2760-0222
- 10:00—21:00
- 乘地铁板南线至后山埤站1号出口出站后步行大约5分钟即达

02 虎山自然步道
近距离接触大自然 ★★★★ 100分!

虎山属于台北市区内面积最大的四兽山区之一，风景秀美，山上修建有从慈惠堂起始的登山步道，游客可以顺着花岗岩铺设成的石阶缓步而行，沿途处处是茂密的树林，耳畔虫鸣鸟叫不绝。此外还可以选择沿着虎山溪溯溪而行，沿路有石桥、戏水平台和亲水公园等设施。每年4～6月，步道沿途还可以看到大量萤火虫，吸引了众多年轻人专程来这里度假。

Tips
🏠 台北市信义区福德街251巷底　🚇 乘地铁板南线至后山埤站2号出口出站后步行大约25分钟即达

03 南港展览馆
台湾最大的展览及会议中心 ★★★★

Tips
🏠 台北市南港区经贸二路1号　☎ 02-2725-5200
🚇 乘地铁南港线至南港展览馆站1号出口出站即达

面积比台北世贸展览馆还大2倍的南港展览馆内可容纳大约2000多个标准展位，是全台湾面积最大的展览及会议中心，每年都会举办大量国际性的会展活动和新品发布会，成为台湾地区与世界各地大牌厂商之间交流联系的平台，同时也提高了台北的城市知名度。

04 胡适公园
纪念一代学术大师胡适 ★★★★

Tips
🏠 台北市南港研究院路二段　🚇 乘地铁南港线至南港展览馆站3号出口出站，换乘公车在胡适公园站下车即达

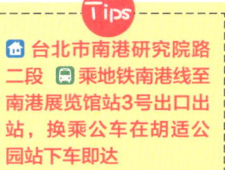

一代学术大师胡适晚年在南港度过，曾为了当地的教育事业不遗余力地四处奔波募款，南港当局在其去世后修建了这座精巧美观的公园用以纪念他。公园内建有胡适墓园，供人追思凭吊。此外，公园后山还修建有供小朋友嬉戏玩乐的游乐场，是一处风景秀美的城市休闲公园。

好买 BUY

01 五分埔
流行成衣大本营

　　毗邻地铁后山埤站的五分埔是台北知名的成衣批发市场，沿街散落着规模不一的数千服装批发商家。除了上班族的套装、童装、孕妇装这些常见的服装外，还可以看到大量产自韩国、中国香港、日本甚至泰国的流行服饰，琳琅满目，价格便宜，又充满时尚元素，吸引了众多"新新人类"光临。

Tips
- 台北市嵩山路、松隆路、中坡北路、永吉路之间
- 11:00—24:00
- 乘地铁板南线至后山埤站1号出口出站后步行大约5分钟即达

02 南港软件园区商店街
散发人文气息的高科技软件园区

Tips
- 台北市三重路
- 02-2655-3093
- 乘地铁南港线至南港展览馆站1号出口出站后步行大约5分钟即达

　　地处三重路上的南港软件园区商店街整体建筑充满未来感，同时还曾是偶像剧《白色巨塔》的外景拍摄地之一，吸引了众多该剧的FANS慕名来"朝圣"。位于园区中庭附近的商店街两侧林立着众多便利店、茶馆、料理餐厅、咖啡厅等商家，其间点缀着大量现代艺术装饰，高科技园区内散发着几分人文气息。

好吃 EAT

01 饶河街观光夜市

充满平民气息的夜市

90分!

和士林夜市齐名的饶河街观光夜市毗邻嵩山火车站，于1987年开始营业，从八德路四段与抚远街交会处至慈佑宫，全长大约600米。沿街遍布各式美食摊位，此外还有大量经营家具、服饰、家居用品的商店，被当地人称为松山夜市，吸引了众多金发碧眼的外国游客。

饶河街观光夜市内美食摊位的丰富程度不亚于士林夜市，"药膳排骨"是夜市招牌小吃，其中陈董药炖排骨更是这里最出名的一家。除了美味的小吃外，夜市内的服装也是物美价廉，堪称台北服装批发地"五分埔"，吸引了不少人的眼球。

Tips
- 台北市饶河街
- 02-2763-5733、2766-3676
- 16:00—24:00
- 乘地铁板南线至"市政府"站换乘蓝7或蓝12至饶河街口下车过马路即达

台湾攻略 台北南港展览馆

135

台湾
攻略HOW

Part.16 台北圆觉瀑布

圆觉瀑布位于著名的寺庙圆觉寺后方东侧,历史上就是一个非常有名的景点,据载早在日治时期就已经被誉为内湖八大名景之一。

台北圆觉瀑布 特别看点！

台湾攻略 / 台北圆觉瀑布

第1名！
碧湖公园！

100分！
★ 湖面光滑如镜，秀丽迷人！

第2名！
美丽华百乐园摩天轮！
90分！

★ 体验台湾第二大摩天轮！

第3名！
剑潭古寺！

75分！
★ 古色古香的寺院，充满古朴厚重的历史感！

好玩 PLAY

01 圆觉瀑布
★★★★ 内湖八大名景之一

Tips
📍 台北市碧山路　🚇 乘地铁内湖线至大湖公园站1号出口出站，换乘公车在金龙寺站下车后步行10分钟即达

圆觉寺后方东侧的圆觉瀑布早在日据时期就被誉为内湖八大名景之一，溪床间怪石嶙峋，每年雨季后瀑布水量充沛，颇为壮观。此外，瀑布附近还设有凉亭、石桌和石椅，游客在观赏瀑布之余还可以小憩片刻。

02 剑潭古寺

历史悠久的古寺 75分! ★★★★

剑潭古寺兴建于郑氏家族统治台湾之时，最初名为观音寺，寺中供奉观音大士，清康熙五十六年（1717）寺院重修后更名为西方宝刹，乾隆三十八年（1773）重建后因古寺毗邻剑潭而改为剑潭古寺。现今古色古香的寺院内依旧保存着碑林园，里面摆放着大量清代的石碑、送子观音石雕、十八罗汉金刚、古香炉等，充满古朴厚重的历史感。

Tips
 台北市中山区北安路805巷6号 ☎ 02-2532-3834 🕕 6:00—21:00 🚇 乘地铁内湖线剑南路站1号出口出站后步行3分钟即达

03 大湖水景公园

富有中国园林趣味的公园 ★★★★

大湖又名白鹭湖，旧时曾以水鸟景观著称，现今则是一处风景秀美的水景公园。园内湖面波光粼粼，九曲桥蜿蜒曲折，连接着湖畔的亭台楼阁，如画中美景一般，每天日暮时分，都会在园内看到众多年轻情侣的身影。此外，毗邻大湖的白鹭山可一览内湖风光，湖光山色相映成趣，共同构成一幅充满中国园林趣味的山水画卷。

Tips
🏠 台北市内湖区成功路五段上 🚇 乘地铁内湖线至大湖公园站2号出口出站即达

04 剑南路蝴蝶生态步道

全方位了解蝴蝶 ★★★★

Tips
 台北市中山区北安路805巷口 ☎ 02-2553-2322 🚇 乘地铁内湖线剑南路站1号出口出站后步行大约5分钟即达

剑南路蝴蝶生态步道位于北安路与剑南路交会处，游客来这里既可以观赏五彩缤纷的蝴蝶，同时也能对蝴蝶有进一步的认识。从2002年起，台湾蝴蝶保育学会就选择剑南路作为蝴蝶步道和蝴蝶栖息的培育基地，现今已在此培育有139种蝴蝶，两面精彩的蝴蝶生态彩绘墙更是吸引了众多游客在这里驻足观看。

05 碧湖公园

◆◆◆ 赏鸟踏青的好去处

100分！

★★★★

碧湖公园风景宜人，公园内的湖面光滑如镜，秀丽迷人，顺着环湖步道可欣赏碧绿湖面与绵延山丘组成的如画般美景，湖畔四周茂密的树林间经常可以听到清脆的鸟鸣，是台北市民周末假日踏青赏鸟、郊游观光的好去处。

Tips
 台北市内湖路二段175号　乘地铁内湖线至文德站2号出口出站后步行2分钟即达

06 碧山岩

◆◆◆ 全台湾规模最大的开漳圣王庙

★★★★

位于碧山上的碧山岩是内湖地区最大的寺庙，同时也是全台湾规模最大的开漳圣王庙。寺庙周围风光秀美，青山碧水的自然风光吸引了众多台北市民周末假日来这里观光踏青。此外，游客还可在碧山岩一览整个台北盆地，除了蜿蜒的淡水河与山脚下的梯田外，天气晴朗的时候还可以看到台北101大楼等地标建筑。

Tips
 台北市碧山路24号　02-2790-0657　乘地铁内湖线至内湖站1号出口出站后，换乘公交车在碧山岩站下车即达

07 美丽华百乐园

幸福浪漫的假日娱乐天堂

Tips
📍 台北市中山区敬业三路20号　☎ 02-2175-3456
🕘 9:00—20:00　🚇 乘地铁内湖线剑南路2号出口出站后步行大约5分钟即达

美丽华百乐园所在的台北市中山区大直，原来是基隆河的河床，后来基隆河截弯取直之后便将这里开发为商业区。美丽华百乐园紧临台北捷运内湖线剑南路站，交通便利，除了购物商场、餐厅、电影院、超市等设施以外，最大的特色就是摩天轮。

美丽华百乐园的摩天轮相当罕见，它不是建在地面上，而是位于商场5楼的楼顶，是台湾第二大摩天轮。它直径70米，一共有48个车厢，全部满载可以搭载288人，车厢每转动一圈需要17分钟。每到晚上，安装在上面的624支霓虹灯就会将摩天轮照得绚丽夺目，宛如精美的工艺品。

百乐园里的美丽华大直影城是台北四家巨型屏幕影厅之一，IMAX巨型屏幕影厅高21米，宽28米，在那里欣赏电影能够拥有比普通电影院更加震撼的临场感。

08 美丽华百乐园摩天轮

媲美"东京台场摩天轮"的情侣约会圣地

90分！

Tips
📍 台北市中山区敬业三路20号　☎ 02-2175-3456
🕘 11:00—24:00　💰 假日全票200元新台币、优待票150元新台币；平日全票150元新台币　🚇 乘地铁内湖线至剑南路2号出口出站后步行大约5分钟即达

美丽华百乐园是一家位于台北市中山区大直的购物中心，它之所以出名，并不是因为购物中心里的货物如何物美价廉，而是因为那里的摩天轮。美丽华百乐园的摩天轮是台湾第二大摩天轮，虽然直径才70米，却坐落于美丽华百乐园购物中心5楼的楼顶上，达到了百米的高度。

美丽华百乐园摩天轮总重量有600吨，设有48个车厢，每个车厢最多可以承载6个人，最多能够让288名游客同时乘坐。它还是全台湾绕行一圈所用时间最长的摩天轮，每转一圈需要17分钟。摩天轮上安装有624支霓虹灯，一到夜间就将摩天轮打上炫目的光芒，上演着一场华丽的灯光秀，是台北夜空最美丽的宝石。这里已经成为台北的"东京台场摩天轮"，成为情侣约会的首选地点，加上旁边浪漫梦幻的音乐旋转木马游乐设施，让空气中更充满温馨的欢乐。

台湾
攻略HOW

Part.17
台北南京东路

南京东路是台北市金融业与写字楼最集中的商务区，周围还有大量美味餐厅，是外国游客来到台北后的住宿首选区域。

台北南京东路 特别看点！

第1名！
行天宫！ 100分！

★ 恩主信仰的集中地，台湾香火最旺盛的道家庙宇！

第2名！
辽宁街夜市！ 90分！

★ 典型的迷你型夜市，竞争激烈的美食区！

第3名！
台北小巨蛋体育馆！ 75分！

★ 多功能体育馆，聚焦台北运动、文化、娱乐和艺术！

好玩 PLAY

01 台北小巨蛋体育馆 75分！
台湾第一座国际性大型综合体育馆 ★★★★

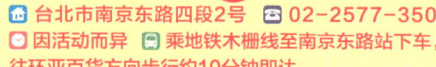

Tips
- 台北市南京东路四段2号
- 02-2577-3500
- 因活动而异
- 乘地铁木栅线至南京东路站下车，往环亚百货方向步行约10分钟即达

台北小巨蛋体育馆位于台北市南京东路和敦化北路的交接口，前身为台北市棒球场，后重建为体育馆，地下2层，地上5层，分为主馆和副馆。

体育馆主馆为多用途体育馆，不仅能够举行多项运动竞技比赛，也能作为展览、艺术表演、演唱会、集会等大型活动的场所，具备了远、近、中等三种伸缩舞台，分为上层看台区3980席、预铸式看台6059席、伸缩式看台2516席、活动式看台1814席、贵宾包厢区704席。副馆里有健身房、舞蹈教室、壁球场、冰上乐园滑冰世界，以及美食街和美食餐厅等休闲设施。

02 行天宫

亲身感受台湾的民间信仰

100分！
★★★★

Tips
- 台北市中山区民权东路二段109号
- 02-2502-7924
- 6:00—22:00
- 乘地铁木栅线至南京东路站出站后换乘74路公车即达

位于台北市民权东路与松江路口的行天宫建于1967年，自建成起就一直是台湾一处重要的民间信仰中心，除了台北的本宫以外，北投和三峡两地也分别建有行天宫分宫，被称为行天三宫。

朱红色调的行天宫供祀关云长、吕洞宾、灶神张单、道教三十代天师王善以及宋朝名将岳飞，合称为"五恩主"。由于台湾民众亦称关云长为"恩主公"，因此在五恩主中以义薄云天的关云长为首，行天宫也被台湾民众称为"恩主公庙"。

在行天宫大殿前有一尊天公炉，两旁提耳被铸成飞龙状，四周龙头向天空伸展，造型独特，令人印象深刻。由于行天宫戒除杀生，因此宫内禁止供奉牲礼，还特地劝止香客烧金纸以及演戏酬神、叩谢金牌等行为，同时庙堂前也未设功德箱，不要信徒添香油钱，庙里免费供应香烛，参拜行天宫只需两炷清香或是自带鲜花素果即可，首创传统宗教界素心作风。

值得一提的是，毗邻行天宫的行天宫地下道被称为"算命街"，与龙山寺地下街合称为"台北市两大命理区"，共有20余家摊位，不仅台湾民众来这里看相问卦，甚至不少日本游客都慕名而来，是台北一处颇有特色的景点。

03 YOYO故事屋

充满梦幻色彩的儿童乐园
★★★★

Tips
- 台北市松山区南京东路四段2号B1（小巨蛋B1）
- 02-2577-6635
- 宝贝票300元新台币、月票660元新台币（一套3张）、优待票2000元新台币（一套10张）、亲子票100元新台币（家长票）
- 平日10:30-19:30 假日10:30-20:30
- 乘地铁木栅线至南京东路站下车，往环亚百货方向步行约10分钟即达

在台北小巨蛋体育馆的B1层，有一家专门为小朋友说故事的YOYO故事屋。一进大门，故事屋梦幻一般的装潢设计就让人仿佛进入了童话世界，在墙边的书柜上放满了五颜六色的儿童绘本，还有很多玩具散落在四处。

故事屋有着顽皮森林、水果乐园和YOYO星球三大主题馆，每个主题馆都有各自独特的视觉空间设计。其中，顽皮森林仿照森林中的环境，内设波浪造型弹簧垫，让小朋友可以在里面尽情活动玩耍；而在水果乐园里除了可以听到有趣的故事之外，还可以跟着YOYO点点名歌曲一起运动；YOYO星球和前面两个主题区比起来则更偏重知识性的故事内容，用互动的方式启发孩子们学习的兴趣。

有时台湾知名的"如果儿童剧团"也会来这里表演，那些深受小朋友喜爱的专业艺术表演人员，在表演之余还会以趣味轻松的方式带领小朋友边听边玩。

04 袖珍博物馆
◆◆◆ 令人惊叹的袖珍艺术　★★★★

成立于1997年的袖珍博物馆是亚洲地区第一个专门收集、展出各种袖珍艺术品的展览馆，号称全球收藏当代袖珍艺术最大、最多的主题馆。

Tips
🏠 台北市建国北路一段96号B1　☎ 02-2515-0583　¥ 成人180元新台币，学生150元新台币，儿童100元新台币　🕙 10:00—18:00　🚇 乘地铁木栅线至南京东路站出站后步行10分钟即达

袖珍艺术品展现的主题包罗万象又纵贯古今，既可以看到作者对往日生活的怀念，也有对现实世界的另类陈述，更有对未来世界的狂想模拟。这里收藏有相当多的袖珍作品，大部分是缩小至十二分之一的娃娃屋，大致以中古世纪欧洲的街景、巴洛克时期的建筑、英国维多利亚时代的建筑和美国殖民地时期的豪宅为主。作者将生活中随处可见的家居用品等器物完美地缩小到娃娃屋里，材质与造型都比照实物，大到建筑物，小到吊灯的灯泡，都严格遵守一定的比例制作，例如馆内最珍贵的袖珍作品"白金汉宫"就是由英国知名袖珍艺术家Kevin Mulvany和Susan夫妻俩用了三年多时间才完成的，建筑外观和内部装潢都是依照白金汉宫的原样缩微而来。馆内最为精致的作品则是比例为1：120的"树上矿坑"，而作品"风驰电掣中的雷河小镇"为馆内现存最大的袖珍作品，取材于1912年的美国西部科罗拉多州的"雷河小镇"，将这个小镇在暴风雨中的情境展现得淋漓尽致。

 # 好买 BUY

01 环亚购物中心
◆◆◆ 假日休闲逛街的好去处　★★★

Tips
🏠 台北市松山区南京东路三段337号　☎ 02-2715-3777　🕙 11:00—20:00　🚇 乘地铁木栅线至南京东路站下，往敦化北路方向行走约10分钟即达

环亚购物中心位于台北松山区南京东路与敦化北路口的西北侧，这里是台北的市中心，附近有着许多知名企业和学校，著名的台北新巨蛋就在附近。这里交通便捷，无论是捷运、公交都能够就近乘坐。

环亚购物中心是都会型的生活精品百货商场，20世纪70年代，这里曾有"台北市内最大的家居用品卖场"的称号，足见其在台北的影响力。环亚购物中心最大的特色就是它贯穿了8层楼的超高中庭，站在上面可以直接俯视整个商场，非常雄伟华丽。这里有世界知名的化妆品和流行服饰，家具、家居装饰、音像制品也有专柜销售。7楼有游乐场、玩具反斗城和童装专柜，可以说是孩子们的天堂。如果逛到晚上觉得有些累了的话，还可以在环亚购物中心旁的露天啤酒BAR前畅饮一番。

好吃 EAT

01 辽宁街夜市 90分!
竞争激烈的美食夜市 ★★★★

> **Tips**
> 📍 台北市辽宁街 🕐 17:00—23:00 🚇 乘地铁木栅线至南京东路站出站即达

　　辽宁街夜市位于长安路与朱仑街间，也就是长安东路与中兴高中之间，距离不到百米长，面积虽不十分宽阔，但店家密集，可称之为迷你型夜市。夜市的摊位皆有营业执照，十分整齐，卖的东西多半以吃的为主，其中不乏美味小吃，卤味、臭豆腐、珍珠奶茶、牛肉汤饺、炒面(饭)等，不但是上班族午餐的最佳选择，也是夜晚食客聚集之处。辽宁街夜市平均有20至30个摊位，靠近中兴中学的饮食摊有鹅肉、韩国鱿鱼羹、东港活烤虾、上海小吃卤味、筒仔米糕、木瓜牛奶、雪花冰等，而靠近长安东路则以台湾小吃为主，如炒米粉、蚵仔面线、猪血汤等，价格便宜。辽宁街周边巷道内也开设了许许多多很有特色的咖啡馆与餐饮店，使得这一区域也有了"咖啡街"之称。由于邻近复兴北路、南京东路商业办公区，很多上班族在下班后喜欢就近到此小酌、用消夜，使得辽宁街夜市每到华灯初上就热闹非常，全盛时期曾有过上百摊点的盛况，车辆几乎无法通行，不过自从前几年台北当局积极整治后，目前只剩42个摊商，可说是精挑细选。

　　根据当地耆老回忆，辽宁街夜市大约起源于20世纪50年代。早年由于当地的福聚宫（供奉福德正神）每年10月起都会连演两个月的歌仔戏、布袋戏酬神，一些跟随戏班子到处跑的摊贩也会跟到这里，慢慢地就在庙口形成了夜市。

02 王记府城肉粽
台湾南部的美味肉粽 ★★★★

　　位于台北市八德路上的王记府城肉粽经营台湾南部的特产——府城肉粽，肉粽中加入猪肉、小虾、干果、香菇和栗子等6种食材，分量十足。香气浓郁的府城肉粽配上一碗清淡的贡丸汤，更是无比的美味，不可不尝。

> **Tips**
> 📍 台北市八德路二段374号 ☎ 02-2731-6647
> 🕐 10:00—次日凌晨3:00 🚇 乘地铁木栅线在南京东路站出站后步行大约10分钟即达

03 林东芳牛肉面
台北知名的人气牛肉面 ★★★★

　　位于台北市八德路的林东芳牛肉面是一家每天都有无数人大排长龙的人气牛肉面店。这里的牛肉都经过长时间的炖煮，非常鲜美，配上筋道十足的面条和香气浓郁的秘制汤底，被誉为台北最知名的牛肉面。虽然店面不大，而且略显杂乱，但天天人气高涨足以说明这家店的牛肉面味道之美。

> **Tips**
> 📍 台北市八德路二段274号 ☎ 02-2752-2556
> 🕐 10:00—次日凌晨4:30 🚇 乘地铁木栅线在南京东路站出站后步行大约10分钟即达

台湾攻略 / 台北南京东路

台湾
攻略HOW

Part.18
台北大安

大安附近有大量物美价廉的餐馆,还有环境优美的公园,如占地26万平方米的大安森林公园,是台湾少见的大型城市绿地。

台北大安 特别看点！

第1名！
临江街夜市！

100分！

★ 交通便利的夜市，五光十色的不夜城！

第2名！
大安森林公园！

90分！

★ 台北市的天然绿肺！

第3名！
远企购物中心！

75分！

★ 充满了欧美风情的购物中心！

好玩 PLAY

01 大安森林公园
台北市之肺　　　90分！

Tips
- 台北市新生南路二段1号
- 02-27003830
- 8:00—20:00
- 乘地铁木栅线至大安站下车，步行约15分钟即达

大安森林公园地处台北市中心。公园东临建国南路、西临新生南路、南侧为和平东路、北侧为信义路。森林公园内密植各类珍稀花木，公园南侧为佛像雕塑区及竹林区，中央有大型音乐舞台，常有文艺表演。舞台的周边是无障碍休闲区，市民常在这里踏青散步。植物园内绿意盎然，被称为"台北市之肺"，除建有专供散步与慢跑的林间步道外，还有活动广场、公共自行车道、露天音乐台、儿童游戏区、凉亭休憩区等多样娱乐休闲设施，为忙碌的台北市民提供珍贵的绿地和空气洁净的运动休闲场所。

"古儿道"山水相依，大安森林公园不仅为市民提供休闲场馆，也是台北市涵养水源的所在。因此，台北市水资源部门在森林公园内展示各种节水器材，希望以潜移默化的方式来引导市民珍惜日益减少的淡水资源。

02 台北清真寺
●●● 台湾伊斯兰教协会所在地 ★★★★

位于台北市新生南路的台北清真寺是台北现存最大，也是台湾最著名的清真寺，其圆顶绿瓦的礼拜大殿顶端高置一轮新月，两旁的唤拜楼与圆柱拱环长廊充满浓郁的阿拉伯风情。清真寺内除了铺有手工编织的波斯羊毛地毯和天花板上悬挂的吊灯外，并没有过多的装饰，除了每周五的主麻日外，清真寺的场地都作为教室向信徒讲授伊斯兰教的宗教知识和阿拉伯文，并集体诵念《古兰经》。

Tips
台北市中山南路3号 乘地铁木栅线至大安站下车，步行约15分钟即达

好买 BUY

01 建国南路周末市场
●●● 可以近距离体验台北当地人生活的市场 ★★★★

位于建国南路铁桥下的建国南路周末市场仅在周末开放，其中仁爱路以北是玉市，以南则是花市和民间工艺品市场，而最吸引各地游客的是玉市。不论台湾翡翠还是玛瑙，都可以在这里以较为低廉的价格买到。但鱼龙混杂，却也不乏遇到假货，购买时仍旧要记住货比三家后再出手。

除了五光十色的玉石外，在市场还可以买到中国绳结和各种手机链等做工精致的小饰物，而堪称台湾一绝的布袋戏玩偶更是馈赠亲友和作为旅游纪念品的最佳选择。在仁爱路以南的花市中摆满台湾特有的南国花卉，阵阵芬芳令人心旷神怡。

Tips
台北市建国南路铁桥下方 周六、周日10:00—18:00 周末在地铁板南线忠孝新生站3号出口的台北科技大学搭乘免费巴士"建国花市接驳专车"即达

02 远企购物中心 75分!
●●● 台湾首座欧美式购物中心 ★★★

Tips
台北市敦化南路二段203号 02-2378-6666
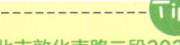 乘地铁木栅线至六张犁站下，步行约5分钟

位于台北市敦化南路二段203号的远企购物中心，是一座充满了欧美风情的购物中心。这里靠近捷运木栅线六张犁站，绿树成荫，风景优美，而购物中心里的风景也与众不同：独特的商场空间设计让这里充满阳光、绿树和流水，让人仿佛走进了一座公园。

远企购物中心从地下2楼至地上5楼，一共有7层。这里主打高档的品牌服装、皮具、珠宝首饰及生活用品，不过在5楼的家具生活用品店里也可以挑选到品位多样、时尚新潮的家居饰品。另外，位于地下1、2层的city'super美食小吃在台北也非常有名，不仅供应台北的本地小吃、正宗的香港茶点，还有地道的日式料理和海鲜大餐。尤其是红豆餐厅里的上海特色美食，每天都吸引大量食客前来品尝。

03 临江街夜市

年轻人喜爱的夜市

100分!

★★★★

台北临江观光夜市是由通化街39巷及临江街所形成的十字形观光夜市，是所有女性的购物天堂。白天这里是菜市场，贩卖着各式鱼、肉、菜，各家主妇均来此采购，成了主妇们相聚交流的好地点。一到黄昏，两旁的服饰店、小吃摊贩陆陆续续地开始营业。由于临江街夜市交通方便，接近世贸中心及台北101、信义商圈、华纳影城等，血拼之后不妨到夜市体会当地的人文风情。

生活上的一个重大需要就是食物。而临江街的后半段便可满足顾客的口腹需求，这里最著名的就是那打破传统的香肠和特制的卤肉饭。临江街夜市专注于小吃的口感，提供着多种美食，从青蛙下蛋、烤鸭夹饼、米粉汤、爱玉冰、上海水煎包，到日式铁板烧、寿司，样样令人口水直流。有时间不妨来逛逛，可以感受一下热闹又热情的台北文化。

当然，夜市除了小吃之外，还有一条俗称家具街的文昌街，是台北市家具集散地之一。有贩卖中西各式家具的店铺，也有充满现代时尚感的家具店。寝具街则位于通化街靠近临江街入口处，因为邻近家具街，各店铺或多或少都有床卖，而床单和棉被样式则可谓多得不胜枚举。

> **Tips**
> 台北市林江街和通化街交会处　　⏰ 18:00—次日凌晨1:00　🚇 乘地铁木栅线至六张犁站出站即达

好吃 EAT

01 AoBa
现代装饰的台湾传统餐厅 ★★★★

Tips
- 台北市安和路1段116号1层
- 02-2700-0009
- 11:30—15:00，17:30—23:00
- 乘地铁木栅线至大安站出站后步行20分钟即达

AoBa是台湾颇为知名的餐厅——青叶在台北开设的第二家分店，以美味菜肴著称的AoBa店内装修时尚，出自台湾知名设计师吴宗岳的设计，充满现代元素，深褐色和黑色的基调构筑出典雅时尚的用餐空间。

AoBa虽然是青叶的分店，但菜单却与青叶略有不同，大约20%的原创菜肴以蔬菜和海鲜等食材烹制而成，色香味俱全，搭配上这里供应的烧酒和日本酒，令食客得以感受与以往截然不同的台湾传统菜。此外，AoBa的甜品在台北也颇为知名，杏仁豆腐更是嫩滑可口，堪称这里的招牌美食之一。

02 紫藤庐
清幽雅致的茶馆 ★★★

Tips
- 台北市新生南路一段124号
- 02-2361-8577
- 免费
- 乘地铁新店线在台电大楼站出站后步行15分钟即达

位于台北市新生南路的紫藤庐隐匿在一座日本明治时期的建筑中，现今已经被列为台北市的文物古迹，店内的庭院清幽雅致，配上古色古香的建筑，令人乍一进入就有舒适雅静的感觉。

紫藤庐内全部用乌来的泉水沏茶，除了台湾本地出产的包种茶和高山乌龙茶外，还可在紫藤庐内品尝到来自内地的绿茶和普洱茶，而饮茶方式更是包括传统的功夫茶、盖碗和天目茶碗三种，其古朴优雅的气氛颇受茶客欢迎。

台湾
攻略HOW

Part.19
台北动物园

　　台北动物园被日本媒体列为"全球十个最值得推荐"的动物园之一。此外，周围还有被誉为"台北最美山线"的猫空缆车。

台北动物园 特别看点！

第1名！ 台北市动物园！ 100分！

★ 亚洲数一数二的大型动物园，欣赏种类繁多的野生动物！

第2名！ 猫空缆车！ 90分！

★ 台北第一条缆车，沿途欣赏迷人风光！

第3名！ 深坑老街！ 75分！

★ 别具特色的豆腐街，品尝招牌的豆腐三吃！

好玩 PLAY

01 猫空缆车 90分！
●●● 台北市第一条缆车系统 ★★★★★

于2007年启用的猫空缆车全长4.03公里，是台北市首个缆车系统，沿途共设有6个站，游客可以在动物园站、园内站、指南宫站以及猫空站下车游览，全程大约20分钟。在缆车快到猫空站时，游客还可远眺台北市区和101大楼。

猫空缆车的封闭式车厢可容纳8人，沿途可鸟瞰猫空茶园、台北市动物园，在指南宫站和猫空站之间由于缆车先以60°斜角缓缓下滑，在快到猫空站时却又突然以近乎90°的直角向上攀升，在离地超过40层楼的高度经历这样"大起大落"的过程，绝对令人惊心动魄，大呼过瘾。

Tips

🏠 台北市文山区新光路二段8号猫空缆车动物园站一楼大厅（猫空缆车游客中心） ☎ 02-8661-8135
门票：100元新台币 🕐 周二至周五9:00—22:00，周六、周日及法定假日8:30—22:00 🚇 乘地铁木栅线至动物园站下车，步行至动物园站，乘地铁木栅线至万芳小区站下车，再转搭小10路公交车至猫空站

02 木栅指南宫

台湾道教核心所在

位于台北市区南部万寿路的木栅指南宫毗邻台湾政治大学，最初建于清光绪十七年（1891），因指南宫内主要供奉道教的吕洞宾，宫名是取自"吕恩主在天庭居于南宫，济世度人必须要指南针"之意，又被附近百姓称为"仙宫庙"。

> **Tips**
> 🏠 台北市文山区万寿路115号　☎ 02-2939-9922
> ¥ 免费　⏰ 8:00—20:00　🚇 乘地铁木栅线至万芳医院站下，再转乘指南客运1路总站下

木栅指南宫依山而建，主要建筑有凌霄宝殿、大雄宝殿、大成殿，另设有禅房、静室、祈梦室等。其中凌霄宝殿是木栅指南宫的正殿，金碧辉煌的大殿内外雕绘巧夺天工；其后的大雄宝殿内供奉泰国佛祠，四周有数座佛像盘脚趺坐，是指南宫最雄伟的建筑；大成殿内供奉孔子、孟子、曾子及尧舜三官大帝。整座庙宇庄严肃穆，为儒、道、释三教合一的宗教圣地。

木栅指南宫作为台湾道教的总部之一，每天都有来自台湾各地的善男信女祈愿进香，指南宫前的道路两侧商店林立，是一处颇具规模的庙前集市。

03 猫空茶园
台北人心中的浪漫之处 ★★★★★

位于台北市文山区的猫空云雾缥缈，在环山公路上遍布着数十家休闲茶坊。前往露天茶座或庭园茶坊品茗，在沏茶、品茶的过程中欣赏好山好水，度过悠闲的假日时光，是许多台北人热衷的休闲方式。

由于地形、气候适宜茶叶栽植，猫空铁观音在海峡两岸都颇为知名。茶文化在猫空发展成全家大小、三五好友聚会不可或缺的内容，喝一口香浓的铁观音，观云看雾，体验猫空之美。而在云雾缥缈的猫空山区除了花园，各家独具特色的茶馆或古意盎然，或设计新颖，或充满人情味，还有24小时营业的茶馆……2007年猫空缆车开通后，到猫空旅游变得方便了许多，在享用香茗的同时可惬意地俯瞰大台北都会区的夜景，浮现在眼前的是满天繁星、灯火相映的动人景色。

Tips
- 台北市文山区猫空
- 因各店而异
- 因各店而异
- 乘地铁木栅线在动物园站出站后，换乘欣欣客运的棕15至猫空站

04 台北市动物园
亚洲著名的大型动物园 ★★★★ 100分！

位于文山区的木栅动物园是台北市动物园，成立于1914年，其原址在圆山，现今的新园分为户外展示区及室内展示馆两部分。户外展示区包括台湾乡土动物区、儿童动物区、亚洲热带雨林区、沙漠动物区、澳洲动物区、非洲动物区、温带动物区、鸟园区、水鸟观察区、湿地生态园、虫虫探索谷以及蕨园；室内展示馆则有教育中心、昆虫馆、两栖爬虫动物馆、夜行动物馆、无尾熊馆、企鹅馆以及酷cool节能屋。

游客在台北市动物园内可以观赏到品类繁多的各种动物，其中不乏台湾岛土生土长的野生动物，诸如云豹和蓝腹鹇等更是在台湾岛近乎绝迹的珍贵品种。作为东亚地区面积最大的动物园之一，台北市动物园内设有专车供游客代步，同时还设有出售各种与动物相关商品的ZOOMALL，游客在观赏各色珍奇动物的同时还可以选购称心如意的纪念品。

Tips
- 台北市文山区新光路二段30号
- 02-2938-2300
- 成人通票60元新台币，儿童30元新台币
- 9:00—17:00
- 乘地铁木栅线至动物园站下

好吃 EAT

01 深坑老街 75分!
别具特色的豆腐街 ★★★★

Tips
🚇 台北市新北市深坑乡深坑街　🚌 乘地铁木栅线在木栅站出站后换乘251、600、666路公交车在深坑站下车即达

　　深坑老街最初在清朝时曾因地处要冲而成为当地重要的茶叶集散地，旧时老街沿街多是茅草房屋，一场大火之后整条街付之一炬，新盖的土砖房屋形成了现今老街的独特风情。深坑老街最为知名的就是豆腐，用手工盐卤点制并以小火烧成的深坑豆腐，吃起来有股特殊的焦味，其中红烧豆腐、豆腐羹和糖醋鱼豆腐三道招牌菜更是深坑最为有名的豆腐三吃，众多游客慕名前来品尝。

159

台湾
攻略HOW

Part.20 台中市

台中终年阳光普照,风景秀美。境内的雪霸公园是赏鸟的最佳地点,每年台中沿海地区的大甲妈祖庙都会举行盛大的朝圣之行,而大肚溪口及高美湿地丰富的生态,既是水生动物的乐园,也是赏鸟者最佳的观赏天堂。

台中市 特别看点！

第1名！
逢甲商圈！

100分！
★ 台湾规模最大的夜市，观光客必去！

第2名！
大甲镇澜宫！

90分！
★ 妈祖绕境进香规模最大的朝圣活动，热闹的宗教活动！

第3名！
雪霸公园！

75分！
★ 研究造山运动的地质教室，欣赏珍稀植物！

好玩 PLAY

01 台中车站
文艺复兴风格的雅致建筑

台中车站位于台湾台中市中区，是台湾"铁路管理局"台中线的铁路车站。车站主体建筑外观红白相间，是一座混合日本风格与文艺复兴风格的红砖建筑。台中后站曾经是台糖铁路中南线的终点站，后来中南线废止，仅保留至台中糖厂旧址的轨道，成为侧线。中南线台中站即为今日台中后站，台中车站也与台北车站和高雄车站一起成为台湾台铁车站中的三个特等站之一。

Tips
- 台中市建国路172号
- 04-22227236
- 免费
- 6:30—22:100
- 乘坐33、35、70、71、73、81、88、100、102、107、131、146、147、666、999路公交车可以到达

02 台中"市政府"大楼
●●● 洁白优雅的行政大楼　　　　★★★★

　　台中"市政府"大楼坐落于台中市区重要干道的台中港路与文心路路口，包括了市政大楼和议会大楼。在空间规划上，市政大楼和议会大楼分别位于整体建筑群的中轴线两端，而将最具代表意义的中轴线位置留给了市民公园，未来还计划兴辟停车场专区，供至大歌剧院欣赏艺术表演和休闲购物的市民使用。

> **Tips**
> 🏠 台中市西区民权路99号　☎ 04-22289111　💰 免费　🕐 全天　🚌 乘坐27路公交车在"市政府"站下车即达

03 宝觉寺
●●● 文化气息浓郁的寺庙　　　　★★★★

> **Tips**
> 🏠 台中市北屯区健行路140号　☎ 04-22335179　💰 免费　🕐 16:00—21:30　🚌 乘坐6、12、14、15、16、34、36、100、102路公交车即达

　　宝觉寺位于台中市北屯区健行路上，是福建临济宗僧人良达法师于1928年所建，为鼓楼式建筑，寺内主奉释迦牟尼、弥勒等佛像，常办讲经法会等，具有浓郁的文化气息，寺内以友爱钟楼、七宝塔、弥勒大佛塑像最为著名。寺内殿宇气势雄伟，金碧辉煌，正殿供奉三尊释迦牟尼佛像和一尊古铜解梦观音像。宝觉寺左边有一座巨型弥勒佛像，高达27米，相当于八九层楼高，成为该寺的一大特征。大佛前有一庭园广场，叫作"同心公园"，园内陈列了许多小欢喜佛，值得一提的是一个80年前的运煤火车头，颇为引人注目。

04 台湾美术馆
●●● 文艺气息浓厚的休憩地　　　　★★★★

> **Tips**
> 🏠 台中市五权西路一段2号　☎ 04-23723552　💰 根据展览不同而异　🕐 9:00—17:00　🚌 乘坐台中客运71路或仁友客运59路到美术馆站下车即达

　　位于台中市五权西路的台湾美术馆占地约3万多平方米，地上3层、地下1层，内部规划有研究、展览、典藏、推广、资料中心、演讲视听、行政办公等部门。馆方典藏以已故的美术家的作品为主，也有明清时期台湾地区美术家及当代美术家的作品；馆内的资料中心收藏了岛内外美术图画、影片、录音带、幻灯片及美术家资料等，以供研究参考。此外，在属于开放式展示的美术街及美术广场还设有文物供应部、咖啡厅等，兼具观展与休憩的功能。

05 绿川
● ● ● 静静流淌的河流　　★★★★

绿川原名"无名溪"、"新盛溪",为台中市中心四大河川之一,与柳川、梅川、麻园头溪并列其名,是台中市的人文发源地,乃绿川流经台中盆地所形成的低洼平原。清代中国内地移民居住于此,在现今台中公园一带发展出街市。绿川风采在景观坡道以上是空中花园的历史与展示光廊,以下则有阶梯剧院及两面槌球场。

Tips
🏠 台中市内　¥ 免费　🕐 全天开放　🚉 从台中车站步行2分钟即达

06 台中公园
● ● ● 台中市历史最悠久的公园　　★★★★

台中公园位于台中市中区公园路37-1号,是台中市历史最悠久的公园,亦称"中山公园",兴建于日据时期。1900年,台中市实施"市区改正计划",采取棋盘式规划,并规划了公园设施。除了由雾峰林家捐出名为"瑞轩"的私有花园为建设区域外,还连接了旧城北门楼、原大墩街东北端的炮台山(东大墩孤丘)为建设区域,建筑经费全由地方当局和民众捐献。台中公园于1903年落成启用,园中有一座湖心亭。1999年4月17日,台中市当局将其列为市级古迹,近年来台中公园也常常作为元宵节灯会的举办地点。

Tips
🏠 台中市中区公园路二段37号　☎ 04-22289111　¥ 免费　🕐 8:00—17:00　🚉 乘坐台铁在台中站下车即达

07 台中孔庙
● ● ● 气势恢弘的台中孔庙　　★★★★

Tips
🏠 台中市双十路二段30号　☎ 04-22332264　¥ 25元新台币　🕐 9:00—17:00　🚌 乘坐仁友客运7、20路在双十中学站下车即达

台中孔庙位于台中市双十路与力行路的转角口附近,皆采用中式建筑,气势庄严雄伟,为全台其他地方少有。孔庙的入口在双十路上,路口设有两座牌楼,建筑采用四方形宫殿式,中央为大成殿,供奉"至圣先师"孔子神位,也是每年祭孔大典的主祀场所。其建筑形式除参考曲阜孔庙外,还广泛征求了学者专家们的意见,最后决定采用宋代宫殿式建筑,以取其浑厚、肃穆、朴实而壮观的风格。

08 雪霸公园　75分!
● ● ● 台湾岛内第五座大型自然公园　★★★★

雪霸公园位于台中市大湖乡富兴村水尾坪，总面积768.5万平方公里，是台湾岛内第五座大型自然公园。公园位居地质学上称为"雪山地垒"的核心区，并与台湾第二高峰——雪山、世纪奇峰——大霸尖山共同命名，为一典型的高山型公园，圈谷、高山湖泊、峡谷、河阶地、河川等地形兼具，是研究造山运动地质的教室。公园内植物种类在1100种以上，包含了315种特有植物及61种稀有植物。更珍贵的是这里有许多稀有的、濒临灭绝的动物，其中樱花钩吻鲑由于生态特殊、数量稀少，为雪霸公园所独有。

> **Tips**
> 🏠 台中市大湖乡富兴村水尾坪100号　☎ 037-996100　💰 免费　🕐 8:00—17:00　🚌 在台中车站乘丰原客运开往梨山的巴士后换乘武陵支线即达

09 大甲镇澜宫　90分!
● ● ● 规模盛大的妈祖绕境　★★★★★

大甲镇澜宫妈祖朝圣在大甲镇澜宫举行，每年农历三月妈祖诞辰，全台各地的妈祖庙均有进香活动，其中尤以台中大甲镇澜宫的妈祖绕境历史最久且规模最盛大。大甲镇澜宫妈祖朝圣的进香队伍包括神像戏偶、戏班、绣旗、花车、舞龙舞狮等，经彰化员林、云林西螺、虎尾到嘉义县新港奉天宫，历时八天七夜。

10 清水镇
● ● ● 古色古香的小镇　★★★★

位于台中县海线中点的清水镇毗邻鳌峰山，旧时曾是平埔人牛马社所在地，因而又名"牛马头"。清朝之后陆续有汉人来此开荒耕种，又因街东埤子口涌出清泉而于1920年改名清水。自古即以浓郁的文化气息闻名的清水镇在日据时期曾是民主抗日的圣地，现今沿着清水街、董公街、镇南街、文昌街等仍可寻到地政事务所、自来水厂、水利会、清水小学等老建筑，小镇内蜿蜒的巷弄和大量古建筑宛如历史的缩影。

> **Tips**
> 🏠 台中县大甲镇顺天路158号；镇澜宫文化大楼：台中县大甲镇和平路223号　☎ 04-26763522　💰 免费　📅 每年元宵节镇澜宫董事长掷筊决定日期与时辰　🚌 搭乘海线纵贯铁路，或由台中市、丰原搭往大甲、通宵的丰原、巨业客运，皆在大甲下车

> **Tips**
> 🏠 台中县清水镇　☎ 04-26270151　💰 免费　🕐 全天　🚌 搭乘海线纵贯铁路，或由台中、丰原搭经清水的巨业、丰原客运，在清水下车即达

好买 BUY

01 中友商圈
● ● ● 台中的流行资讯基地　　★★★★

台中中友百货为台中市年度营业额名列前三的百货公司之一,其成立于1992年4月。因为邻近台中技术学院、台中一中、台中棒球场,共同形成中友商圈,是台中市重要的商圈之一。平日商圈营业时间与高中下课时间同步,顾客大部分为赶着补习的高中生,因此"便宜又大碗"为商圈饮食之特色。假日则早晚都是人潮滚滚,多为外地观光客。另一特色为同类商店聚集,短短的育才街西侧聚集了十数家知名眼镜连锁店,而体育用品店则沿着太平路连成一线,在激烈竞争下价格比别处便宜不少,货比三家更增加购物乐趣。

Tips
🏠 台中市北区三民路　🕐 依各店铺而异　💰 依各店铺而异　🚌 乘坐台铁到台中站下车换乘台中客运5、21、83、88路在中友百货站下车即达

02 逢甲商圈　　100分!
● ● ● 台中最著名的商圈之一　　★★★★

逢甲商圈又称文华夜市,位于台中市西屯区逢甲大学周围,包括逢甲夜市、西屯路、逢甲路、福星路,其中逢甲夜市是现今台湾规模最大的夜市之一,各式小吃和物美价廉的服装饰品吸引了大量年轻人和附近高校的学生。

Tips
🏠 台中市西屯区逢甲路、文华路　🕐 依各店铺而异　💰 依各店铺而异　🚌 乘坐台中客运33、35、135路或者仁友客运22、25、37、45、125路即达

03 建国市场

传统市场面貌依旧 ★★★★

位于台中市建国路的建国市场毗邻台中车站，市场内遍布售卖新鲜蔬菜和各式鸡鸭的摊贩，每天清早都可以看到当地的主妇在这里挑选食材。游客在这里可以一窥台中平民百姓的日常生活，并了解台湾人的饮食习惯，是感受当地文化的绝佳地方。

Tips
- 台中市建国路
- 6:00—14:00
- 从台中车站沿建国路步行大约2分钟即达

04 精明一街

台中的"香榭丽舍大道" ★★★★

Tips
- 台中市西区精明一街
- 依各店铺而异
- 免费
- 依各店铺而异
- 乘坐台中客运70、88路或统联客运79、83路即达

全长130米的精明一街坐落于大墩19与大隆路间，街道两侧店面计有40家，是台中商店街的发源地，属于行人徒步区。精明一街是一条充满异国风味的街道，街道两旁开设了众多雅致的艺廊、高雅的精品服饰店以及各式的餐饮店，人行道上还有露天咖啡茶座，有点像巴黎的香榭丽舍大道。不定期举行的艺文活动以及台中市对于精明一街的观光规划等带起了这里的旅游热潮，成为台中的热门观光景点。

05 太阳堂饼店

享誉全岛的太阳饼 ★★★★

位于台中市自由路的太阳堂饼店创办于1906年，店内有台湾画家颜水龙的著名作品《向日葵》，该店的装潢与包装均为颜水龙设计，甚至太阳饼的口味他也曾给予建议。太阳饼的形状近似圆形，饼皮酥而易碎，食用时容易掉落，入口香甜酥松。此饼最早由台湾人配浓茶食用的麦芽饼发展而来，其包装外盒就是由颜水龙设计的向日葵图案构成，这也是饼名的起源。虽然看上去只是不起眼的小店，却早已誉满全岛。

Tips
- 台中市自由路二段23号
- 04-22222662
- 11:00—20:30
- 从台中车站步行大约10分钟即达

好吃 EAT

01 台湾香蕉新乐园
●●● 台湾特色的怀旧美食场所 ★★★★

Tips
- 台中市双十路二段111号 ☎ 04-22345403
- ⏰ 11:00—次日1:30 🚌 乘坐1、8、14、15、16、21、31、55、73、82、6601、6132、6205路公交车在新民高中站下车即达

台湾香蕉新乐园最早只有丰原店的"怀旧茶馆"，后来又开了众多分店，是具有台湾特色的怀旧美食场所。双十店"人文生活馆"，占地1万多平方米，搭建了40年前台中街市景——人造街道、照相馆、理发院等9个不同主题的复古怀旧餐厅，无论是旧式机车，还是直立邮筒，都一一诉说着台湾岛数十年来的历史。许多人经过台中市的双十路段时会咋舌于街边的景象：蓝色的柴油火车就这样静静地停在路边；一栋略带巴洛克风格的建筑在一旁与它相伴；20世纪50年代的生活景象，透过整片的落地玻璃在另一侧真实上演。

02 上海新乐园
●●● 30年代上海的花样年华 ★★★★

以"30年代上海的花样年华"为主题的上海新乐园于2004年8月初在台中市成都路开张，外观墙壁为砖砌样式，中西合璧，比照上海新天地设计。内部完全采用旧上海风格设计，家具摆设仿上海古董，屋外路上甚至停放了一辆黄包车。包厢也均以上海地名命名，如租界、帕克弄、霞飞等，主要经营上海本帮菜、蟹黄汤包、宁式鳝糊等颇具上海风味的菜式。

Tips
- 台中市西屯区成都路319 ☎ 04-22972060
- ⏰ 11:30—21:00 🚌 乘坐公交车29、33、68、75、85路在成都路口站下车即达

03 一中丰仁冰
创业50余年的甜品店 ★★★★

台中一中周围来往的学子人数众多，因而街市繁荣，商家林立，逐渐成为当地有名的商圈，全台中有名的冰品店"一中丰仁冰"就位于这里。它的创始者名叫陈德旺，于1957年始创丰仁冰这种集冰激凌、酸梅冰与蜜花豆于一体的冰品，工艺讲究，吃起来酸甜可口，别具特色。其得名源自很多顾客喜欢该店冰品以至于冬天也来品尝，好似"疯人"一般，取谐音即成"丰仁冰"，别有趣味。

Tips
- 台中市北区育才街三巷46号　04-22230522
- 2至10月为10:00—23:00；11月至次年1月为10:00—17:30　乘41、55、65、67、81、1658、6142、6163路公交车在台中一中站下车即达

04 阿水狮猪脚大王
享誉全岛的猪脚大王 ★★★★

Tips
- 台中市西屯区河南路二段528号（近中港路口）
- 04-27067258　10:00—21:00　乘坐33路公交车在中港路口站下车即达

台湾习俗中吃猪脚、猪脚面线象征着祝贺、祝寿与去霉运，是喜庆吉祥的食物。阿水狮猪脚严选食材，肉质润滑，夹起骨立分明，入口滋味鲜咸甜软。先烫后冻的猪脚卤之后，不仅入味还很有弹性，加上独门配方，并且在烹饪过程中不断将油捞出，使得猪脚尝起来完全不油腻，享誉30余年，更成为许多朋友逢年过节的最佳礼品，甚至名扬香港地区和日本。

05 一福堂
百年历史的老字号饼店 ★★★★

一福堂的创办可以追溯到日据时期的1928年，在人潮聚集的大墩梅枝町开创了

Tips
- 台中市中区自由路二段67号　04-22222643
- 9:00—22:00　乘坐公交车83、88路在彰化银行站下车即达

专卖糕饼的"一福堂果子铺"。靠着相传的好手艺和不偷工减料的传统制饼原则，一福堂代代以专业制作地道的"老台中风味名产"为宗旨。1964年，一福堂结合从日本引进的新技术，首创出"柠檬饼"，外皮为柠檬巧克力，内部为松软的蛋糕，很快大受好评，自此成为台中名产，经久不衰。一福堂的糕点全部为手工烘烤，而且全程手工制作，给予食客特别的口感。

台湾
攻略HOW

Part.21
日月潭

日月潭和阿里山并称为台湾的地理标志。整个潭被中间的光华岛分为日潭和月潭，四周群山环抱，潭水清澈如碧，和日光月影相映成趣，饱含诗情画意。

日月潭 特别看点！

第1名！
日月潭！
100分！

★ 台湾最著名的自然景观，台湾地理标志！

第2名！
彰化八卦山！
90分！

★ 台湾著名大山，八大名胜之一！

第3名！
彰化虎山岩！
75分！

★ 彰化三大名寺之一，历史悠久的古寺！

好玩 PLAY

01 日月潭 100分！
台湾最大的天然湖泊 ★★★★★

Tips
🏠 南投县鱼池乡日月潭　☎ 049-2855595　¥ 28元新台币　🕐 全天　🚌 从台北出发，在台北北站发车站乘坐旅游巴士直达日月潭，一天仅一趟。从台中出发，在干城站乘坐旅游巴士直达日月潭，每3小时一趟

日月潭是台湾最著名的旅游景点之一，也是台湾最大的天然湖泊，清澈透明，像是镶嵌在群山环绕之中。碧绿的湖水中有天然小岛浮现，圆若明珠，形成"青山拥碧水，明潭抱绿珠"的美丽景观。日月潭风景区除了秀丽的自然景观外还有众多的人文景点，有邵人风情的伊达邵，又有可以纵览日月潭风光的文武庙。

02 伊达邵
台湾著名的民俗文化旅游地 ★★★★

伊达邵是台湾邵人的聚居地，也是台湾著名的民俗文化旅游地。在这里可以看到日月潭的优美风光，还可以领略到邵人淳朴自然的人文风情。伊达邵的饭店多是以当地菜肴为主，盛菜的器皿也别具一格，在这里还能看到充满自然风情的邵人舞蹈。这里的旅游商店里出售邵人的传统服饰和小工艺品。

> **Tips**
> 🏠 南投县鱼池乡日月村伊达邵　☎ 049-2855668
> ¥ 免费　🕐 全天　🚆 台铁台北站乘坐国光客运、台铁台中站乘坐仁友客运、高铁台中站乘坐南投客运在日月潭站下车即达

03 慈恩塔
庄严肃穆的宝塔 ★★★★

慈恩塔位于日月潭畔的青龙山顶，与拉鲁岛、玄奘寺等景点在同一条中轴线上。此塔是一座中式宝塔建筑，分为九层，塔顶海拔1000米，是日月潭的最高点。在这里可以俯瞰日月潭的优美风光，纵览景区内的各处景点。环境清幽的塔前广场上花木扶疏，颇有庄严肃穆的感觉。

> **Tips**
> 🏠 南投县鱼池乡　☎ 049-2855668　¥ 免费　🕐 全天
> 🚆 台铁台北站乘坐国光客运、台铁台中站乘坐仁友客运、高铁台中站乘坐南投客运在日月潭站下车即达

04 涵碧楼步道
可俯瞰湖泊的步道 ★★★★

涵碧楼步道是一条蜿蜒崎岖的小道，两侧林木苍翠，花草繁茂。这条步道沿涵碧山盘旋而上，终点是别墅涵碧楼。林中又多有野生鸟儿，与连绵的青山、碧绿的潭水共同构成一幅令人沉醉的山水画。

> **Tips**
> 🏠 南投县鱼池乡　☎ 049-2855668　¥ 免费　🕐 全天
> 🚆 台铁台北站乘坐国光客运、台铁台中站乘坐仁友客运、高铁台中站乘坐南投客运在日月潭站下车即达

05 玄奘寺
供奉唐僧舍利子的寺院 ★★★★

玄奘寺是供奉唐朝高僧玄奘法师舍利子的地方，寺内还有释迦牟尼佛的金身像。此庙是一栋仿唐式建筑，前临拉鲁岛，后依青龙山，是著名的风水宝地。玄奘寺的寺外墙壁上刻画着玄奘法师历经千辛万苦前往印度取经的情形，庙内还悬挂着众多名人墨宝。寺院幽静安详，是人们寻求平和心境的胜地。

> **Tips**
> 🏠 南投县鱼池乡水社村中兴路136号
> ☎ 049-2855668　¥ 免费　🕐 全天　🚆 台铁台北站乘坐国光客运、台铁台中站乘坐仁友客运、高铁台中站乘坐南投客运在日月潭站下车即达

06 玄光寺
可眺望日月潭美景的寺庙 ★★★★

玄光寺本是一座日式小庙，后因供奉过玄奘大师的舍利子而声名远播。这座寺庙的外形朴实无华，具有简约之美。玄光寺的周围风景秀丽，又位于日潭与月潭的交界处，因此是欣赏日月潭风光的好去处。寺内还有大量的佛教典籍供游客信徒索取，并以此来传播佛教教义。

> **Tips**
> 🏠 南投县鱼池乡日月村伊达邵　☎ 049-2855668
> ¥ 免费　🕐 全天　🚆 台铁台北站乘坐国光客运、台铁台中站乘坐仁友客运、高铁台中站乘坐南投客运在日月潭站下车即达

07 文武庙
台湾最大石狮守护的寺庙 ★★★★

日月潭的文武庙建于半山腰之上，坐东朝西，站在门口可以俯瞰湖光山色，是一组气势恢弘的宫殿式建筑。文武庙的正门是牌坊建筑，拾级而上到达广场后可以看到一对威武的石狮。前殿供奉的是文武庙的开基诸神，正殿又被称为武圣殿，祭祀武圣关羽，重檐庑殿顶的后殿是供奉儒家祖师孔子的地方。

> **Tips**
> 南投县鱼池乡中山路174号　049-2855668
> 免费　全天　台铁台北站乘坐国光客运、台铁台中站乘坐仁友客运、高铁台中站乘坐南投客运在日月潭站下车即达

08 九族文化村
展示部落文化的主题公园 ★★★★

九族文化村是展示高山族中九个部落民俗文化的地方，还有许多现代景观与科技景点。这里又是一处集保护、宣传与展示民俗文化，旅游观光于一体的大型主题公园。在这里能够感受到各部落的独特风情，还有他们原始淳朴的生活方式，乘坐这里的日九缆车可以纵览日月潭周边的优美风光。

> **Tips**
> 南投县鱼池乡大林村金天巷45号　049-2895361　700元新台币　8:00—17:00　台铁台北站乘坐国光客运、台铁台中站乘坐仁友客运、高铁台中站乘坐南投客运在日月潭站下车即达

09 拉鲁岛
邵人祖先灵魂安息的圣地 ★★★★

位于日月潭中央的拉鲁岛风景秀美，岛畔的观景浮台可以看到四周大型猫头鹰木雕，水面上有精美的白鹿塑像，岛上生长着高大茂密的茄树。拉鲁岛是邵人的圣地，一般游客严禁登岛，邵人中也只有想学做"先生妈"（邵人对传统祭师的称呼）的妇女，在资深的先生妈的陪同下，方可登岛。

> **Tips**
> 南投县鱼池乡　049-2855668　免费　全天　台铁台北站乘坐国光客运、台铁台中站乘坐仁友客运、高铁台中站乘坐南投客运在日月潭站下车之后乘坐游船即达

10 集集铁路文物博览馆
展示与集集线相关的文物资料 ★★★★

集集铁路文物博览馆内展出了旧时铁路沿线的用具和资料，馆内还有许多日据时期的照片。这座博览馆是由原来集集车站的仓库改建而成的，大门左侧放置了一辆退役的M24坦克。博览馆的后方是陈列旧式火车头的地方，是这里最受欢迎的景点。博览馆内还有出售各种纪念品的网点。

> **Tips**
> 南投县集集镇集集车站西民生路75号　049-2764583　免费　全天　乘坐自二水、员林、竹山往水里站的员林客运，于集集站下车即达

11 八通关古道
● ● ● 历史悠久的古迹 ★★★★

　　八通关古道历史悠久，是台湾的一级古迹，沿线有许多天然景观和人文景点。清代修筑的古道路况较差，但周围的历史景点很多，例如集集的"开辟鸿荒"碣、凤凰山的"万年亨衢"碣、"佑我通山"碣等。日据时期的古道保存较好，自然风景也很不错，有子断崖、云龙瀑布、乙女瀑布等景点。

Tips
🏠 南投县竹山镇　☎ 049-2702200　¥ 免费　🕐 全天　🚌 乘坐纵贯线铁路到二水站，到集集换乘员林客运到东埔温泉即达

12 明新书院
● ● ● 清代南投的四大书院之一 ★★★★

　　明新书院是清代南投的四大书院之一，也是集集地区每年进行祭孔典礼的地方。古色古香的正殿是这里的核心建筑，里面供奉着文昌帝君、制字先师等神仙圣贤。院内环境清幽，红色的砖墙将这里映衬得更加肃穆。这里还有许多石臼、石磨、犁头、蓑衣等昔日务农的用具，展现出古朴风貌。

Tips
🏠 南投县集集镇永昌里东昌巷4号　☎ 049-2762374　¥ 免费　🕐 6:00—21:00　🚌 乘坐台铁到二水站换乘集集支线车在集集站下车，右转直走，步行即达

13 武昌宫
● ● ● 集集镇上香火最为旺盛的神庙 ★★★★

　　武昌宫是集集镇上香火最为旺盛的神庙，这里供奉的是北极玄天上帝和玉皇大天尊及其他神佛。武昌宫的旧址在地震中被损毁，因此在一旁建造了新庙，并供奉未在地震中损坏的神像。有趣的是这里的北极玄天上帝神像的胡须在地震后开始逐渐长长，被当地民众视为神迹。

Tips
🏠 南投县集集镇文心街与八张街交叉口　☎ 049-2762050　¥ 免费　🕐 全天　🚌 乘坐自二水、员林、竹山往水里站的员林客运，于集集站下车即达

14 集集神木
● ● ● 700年树龄的参天古树 ★★★★

　　毗邻集集车站的集集神木高25米，是一株树龄超过700年的樟树。作为台湾全岛屈指可数的古树，集集神木近千平方米的繁茂树荫下还建有一座名为"大众爷祠"的寺庙，是游客参拜拍照的绝佳地点。

Tips
🏠 集集镇集集街178-1号　☎ 049-2763693　¥ 免费　🕐 全天　🚌 乘坐自二水、员林、竹山往水里站的员林客运，于集集站下车即达

15 仁爱乡雾社
独特的台湾少数民族文化 ★★★★

仁爱乡地区风景优美，台湾少数民族文化与云南傣族文化相糅合所形成的独特文化景貌是当地一大特色，壮烈的雾社起义也是在这里举行的。合欢山是仁爱乡最著名的景点，也是登山者的圣地，这里春夏时节绿草如茵，林木苍翠，景色宜人，到了冬季银装素裹，令人惊叹。莫那鲁道抗日纪念碑是纪念雾社起义的雕塑。

> **Tips**
> 南投县仁爱乡　049-2802205　免费　全天　乘坐台铁到埔里站下车换乘南投客运即达

16 集集车站
台湾少见的旧式小型火车站 ★★★★

集集车站是台湾少见的旧式小型火车站，是著名的观光旅游景点，也是著名的影视作品取景地。这座车站是由桧木制成的，极具简约、淳朴的风格。站台下还有旧时的铁道线向两侧延伸而去，而远离都市人视野的蒸汽火车也在这里展现出自己雄健的身姿。

> **Tips**
> 南投县集集镇民生路75号　049-2761084　免费　全天　乘坐台铁到二水站换乘集集支线车在集集站下车即达

17 彰化孔庙
台湾中部最大的庙宇 ★★★★

彰化孔庙位于彰化市孔门路，是在清雍正四年(1726)由知县张镐为倡导儒学所建，是台湾中部最大的孔庙。主殿大成殿正中为孔子像，上悬乾隆御赐"道贯古今"匾额，庄严肃穆。彰化孔庙的格局为四进三院，大成门的上方有六个通天筒分别象征"礼、乐、射、御、书、数"六艺。孔庙布局构思精巧，四面回廊环绕，中间龙柱为泉州白石刻成，各处雕刻精湛，均为文物，值得观赏。

> **Tips**
> 彰化市永福里孔门路30号　04-7287488　25元新台币　6:00～22:00　从彰化火车站下车步行10分钟即达

18 彰化武德殿
修复保存的历史建筑 ★★★★

武德殿位于彰化市卦山里公园路一段，原是日据时期统治者贯彻武士道精神，用以武道练习、集会与修炼的道场，于1930  年建成。彰化武德殿内设有神龛，日据时期神龛内供奉鹿岛神社的"武之神"、香取神社的"军之神"、天照皇太神宫与明治神宫等守护神。台湾光复后，武德殿成为彰化忠烈祠。如今武德殿内的神龛供奉的是中华民族的始祖以及黄花岗七十二烈士等牌位。

> **Tips**
> 彰化市东民街　04-7250057　免费　全天开放　从彰化客运巴士总站乘开往鹿港的巴士，在交通队站下车后步行约5分钟即达

19 彰化扇形车库
台湾产业遗产"火车头旅馆" ★★★★

彰化扇形车库位于台湾彰化市彰化车站北方，建于1922年，以调车转盘为中心，轨道由车库外展，呈十二股道放射状形成一座半圆弧状车库，仿佛一面扇子。火车头经长距离奔驰后进入车库休息、保养，因此扇形车库又有"火车头旅馆"之称。该车库属于台湾日据时期遗留下来的产物之一，在地方人士与铁道迷极力争取之下获得保留，是目前台湾唯一保存的扇形车库，也是彰化市的历史建筑。这座车库目前保存CK101、CK124及DT668等三辆蒸汽机车与一辆蒸汽大吊车，还有E101、R50电力、柴油机车。

- 彰化市彰美路一段1号 04-7624438 免费
- 8:00—17:00 乘坐公交车6101路在民生路口站下车即达

20 彰化八卦山 90分!
台湾八大名胜之一 ★★★★

位于彰化东侧的八卦山风景区树木丛生，环境优美，为台湾八大名胜之一。八卦山大佛1961年建成，为东南亚地区最大的佛像之一，是当地著名标志性名胜。1895年日军进攻彰化时，吴汤兴、徐骧率中部义民据守八卦山，与日军血战三昼夜，写下了台湾史上可歌可泣的一笔，山后设有抗日烈士纪念碑公园。八卦山顶名为"定军山寨"，山顶可俯瞰彰化全城，又可远眺台湾海峡，景色十分壮丽，此景名为"定寨望洋"。园内还有健康步道和大佛环山步道供游客踏青寻乐，每年3月还有赏鹰活动。

- 彰化市卦山路 04-7222290 免费
- 6:00—22:00 乘坐西部纵贯线或高铁在彰化站下车之后乘坐出租车即达

21 南北管音乐戏曲馆
彰化市内最具特色的博物馆 ★★★★

位于彰化市平和七街的南北管音乐戏曲馆是彰化市内最具特色的博物馆，该馆不但让曾经在彰化县甚至整个台湾颇负盛名的"南管"、"北管"音乐戏曲重新被发掘定位，更使这项宝贵的文化遗产得以继续传唱，进而发扬光大。本馆包含学术研究与资料展示两个功能区，室内均采用现代化多媒体技术，可以提供各种影像、文字、音频资料。

Tips
- 彰化市岑平里平和七街66号 04-7510709
- 根据剧目而异 9:00—11:30, 14:00—17:30
- 由彰化火车站前搭乘彰化客运123、133、173、377路往鹿港方向，在平和里站下车即达

22 彰化虎山岩 75分!
彰化三大名寺之一 ★★★★

虎山岩位于八卦山西北麓，为彰化三大名寺之一，创建于清乾隆三年(1738)，至今已有200多年的历史，因山形似卧虎而得名虎山岩，主祀神明为观音菩萨，配祀有十八罗汉、注生娘娘及福德正神等神。虎山岩的庙宇格局为三合院单殿式，庙身虽小但香火鼎盛，是附近民众的信仰中心之一。周围景色宜人，寺前有一方金龙池，池右的厅竹亭及祈雨亭坐落在一片竹林中，宁静幽谧，以"虎岩厅竹"列为彰化八景之一。

- 彰化县花坛乡岩竹村虎山街1号 04-7862054
- 免费 全天开放 乘坐西部纵贯线或高铁在彰化站下车之后乘坐出租车即达

23 古月民俗馆
了解彰化的乡土文化 ★★★★

古月民俗馆位于彰化市中华路，是彰化市公所收回位于孔庙斜对面的合作金库大楼改建而成，因清朝"古月井"而得名。

这是一栋4层楼的圆顶建筑，柱式、拱门、城墙外观均为传统样式，体现了彰化古城的风貌。馆中介绍了彰化县城的发展历史，珍藏了许多和彰化有关的历史文物和老照片。1楼有民俗表演，游客还可以在此敲响祈福钟；2楼为民俗馆，介绍彰化古迹及文化；3楼特别设置"彰化第一"专区，将彰化特色介绍给民众；4楼观景台可一览彰化景色。

Tips
- 彰化市中华路57号　04-7279937　免费
- 9:00—17:00　乘坐105、123、153、173路公交车在孔子庙站下车即达

24 鹿港小镇
红砖建筑的小镇 ★★★★★

位于台湾中部西海岸的鹿港小镇旧时曾是文化与商业的港埠重镇，有着显赫的文化历史。1642年，荷兰人从这里登陆，开始统治台湾。之后，郑成功也是由鹿港的一个码头登陆，击败荷兰人收复了台湾。如今的鹿港最出名的是特色美食，乌鱼子、凤眼糕等小吃让人欲罢不能。这里还保存有密集的寺庙古迹和传统建筑，穿行于鹿港的大街小巷，处处可以看到闽南特色的建筑，红砖九曲巷、十宜楼、读书楼等处最为有名，令人流连忘返。

Tips
- 彰化县鹿港镇　04-7772006　免费　全天
- 从台中或彰化火车站乘坐彰化客运即达

25 芬园宝藏寺
主祀观世音的古庙 ★★★★

宝藏寺地处八卦山东麓，坐西朝东，庙埕宽阔，昔日与虎山岩、清水岩、碧山岩、宝藏寺、鹿港龙山寺并称为台湾中部"三岩二寺"。宝藏寺始建于清康熙十一年(1672)，为台闽地区十九处主祀观世音的祠庙古迹之一。雍正年间（1723-1735）重建前殿，并迎来鹿港天后宫妈祖分灵神像奉祀，后经多次修建，1969年成今貌。庙前增建钟鼓楼、戏台、庙埕，并将原附设于右护龙的"义民祠"独立建祠于庙之右侧。格局为三殿双护龙建筑，前殿面宽三间，屋顶木造栋架属粤派手法，正殿高耸，内悬"宝山第一"古匾，相传为清嘉庆皇帝所赐。

Tips
- 彰化县芬园乡进芬村彰南路三段135巷100号
- 04-9522836　30元新台币　9:00—17:00
- 乘坐彰化客运在宝藏寺下车即达

26 鹿港民俗文物馆
了解台湾历史的博物馆 ★★★★

鹿港民俗文物馆位于鹿港镇中山路与民族路间，鹿港当地居民昔称此栋建筑物为"大和大厝"。该馆原为台湾早期望族辜显荣家族的祖宅，馆内收集了许多鹿港当地文物。鹿港民俗文物馆的展示区主要分为西式洋楼以及旧式房舍和庭园区。西式洋楼系仿文艺复兴时期巴洛克式建筑，共有14个展览室，分别展出先民时代所使用的文献、生活用品等。旧式房舍分B、C两馆，C馆即古风楼，十足表现了古代农业社会勤俭朴实的风貌，与西式洋楼的豪华气派俨然天壤之别。

Tips
- 彰化县鹿港镇中山路152号　04-7772019
- 130元新台币　9:00—17:00　从台中或彰化火车站乘坐彰化客运即达

27 鹿港天后宫

台湾妈祖文化的信仰中心 ★★★★

鹿港天后宫是台湾400多座妈祖庙之冠，于雍正三年（1725）由施世榜献地迁建，又名"兴化妈祖宫"，与台南市的大天后宫、北港的朝天宫、新港的奉天宫并称为"四大妈祖"。庙前的广场上有一座巨大牌坊，由鹿港大木匠施坤玉设计，燕尾式的庙宇飞檐起翘、曲线流畅。入内有山门、龙柱、石壁和石榴，刻画精致，都以历史故事为背景，是不可多得的雕刻艺术品。天后宫分前后两殿，都供奉着妈祖神像，前殿神龛上方有清朝雍正皇帝御赐的"神昭海表"、乾隆皇帝御赐的"佑济昭灵"及光绪皇帝御赐的"与天同功"三块匾额。还有出自大陆名匠之手的千里眼、顺风耳木刻神像，神态逼真。

Tips
- 彰化县鹿港镇中山路430号
- 04-7779899
- 免费
- 6:00—22:00
- 从彰化火车站步行即达

28 鹿港新祖宫

清代官费修建的妈祖庙 ★★★★

新祖宫兴建于清乾隆五十三年（1788），是台湾唯一一座乾隆帝下令由官费兴建的妈祖庙，被命名为"新祖宫"，是要与之前就已存在的妈祖庙"旧祖宫"——鹿港天后宫相区别。新祖宫中祭祀的妈祖神像为"软身妈"，意即虽然头手颈是木雕，但是身体是藤编，所以可以转动手脚、换穿衣服。另外，妈祖两旁的副神"金将军千里眼"与"柳将军顺风耳"的神像穿着清朝的官服，是特色看点之一。

Tips
- 彰化县鹿港镇洛津里埔头街96号
- 04-7772497
- 50元新台币
- 8:00—17:00
- 从台中或彰化火车站乘坐彰化客运即达

29 鹿港龙山寺

精致的雕刻艺术 ★★★★

鹿港龙山寺是台湾彰化县鹿港镇的庙宇，主祀观世音菩萨。整个庙宇最重要的是其建筑特色和雕刻工艺。鹿港龙山寺占地5000多平方米，为三进二院七开间的建筑格局，分为山门、五门殿、正殿、后殿，寺内的石雕、木刻均十分精美，曾享有"台湾紫禁城"的美誉。鹿港龙山寺戏台上方的藻井，是台湾保存年代最久且最大的文物。八卦藻井设立于戏台上方，演戏时具有产生共鸣的效果。

Tips
- 彰化县鹿港镇金门街81号
- 04-7772472
- 免费
- 12:00—19:00
- 从台中或彰化火车站乘坐彰化客运即达

30 彰化清水岩森林游览区
●●● 假日休闲的森林游览区　★★★★

彰化清水岩森林游览区是许多民众喜爱前往健行的区域，属于台湾中部的三大名岩之一，整个区域包括清水岩寺、露营区、森林游览区以及长青自行车道。清水岩游览区是一处提供露营的场所与烤肉的平台，成为许多家族聚会与学生团体游玩的好去处。假日也有许多民众前来登山健行，或是单车骑行，是一个风景优美的多功能游览区。

Tips
🏠 彰化县社头乡埤斗村山脚路一段　☎ 04-8737350　💰 50元新台币　🕐 全天开放　🚌 从台中干城站、彰化、员林搭往嘉义的仁友、员林客运，或自员林搭往二林的员林客运，于田尾下车

31 松柏岭
●●● 全岛道教信仰中心　★★★★

以出产"松柏长青茶"及道教圣地"受天宫"闻名的松柏岭，旧时又称松柏坑，位于八卦山南端海拔500米的山峰上，"松岭远眺"为南投八景之冠。受天宫缘起于清顺治年间（1644-1661），宫中主祀玄天上帝，为全台道教信仰中心，每年农历十二月至次年三月是庙会重点时期，也是观赏各地阵头、艺阁汇集表演的好地方。

Tips
🏠 南投县名间乡名松路二段181号　☎ 049-2580525　💰 100元新台币　🕐 9:00－17:00　🚌 在南投、田中乘坐彰化客运在松柏岭下车即达

32 王功渔港
●●● 台湾西部闻名的特色渔村　★★★★

以盛产王功蚵闻名全台的王功渔港，是彰化地区唯一的渔港，也是台湾西部具有特色的渔村，"王功渔火"更是昔日彰化八景之一。丰富的渔业特产使得王功美食名扬四方，让许多老饕趋之若鹜。近年来彰化县当局积极地进行渔村的改造，力图将王功渔港以全新的风貌呈现给众多游客。

Tips
🏠 彰化县芳苑乡王功村渔港路　☎ 04-8934758　💰 免费　🕐 全天　🚌 从彰化市乘坐前往二林方向的员林客运在王功下车即达

好买BUY

01 集集古街
 霓虹灯闪烁的古街 ★★★★

Tips
- 南投县集集镇
- 049-2761084
- ¥ 全天
- 乘坐台铁到二水站换乘集集支线车在集集站下车即达

位于集集镇民生路上的集集古街是为保存街市景观而修建的一处街区，沿街有大量经营特产商品的小店，游客在集集古街上可以一边游览一边品尝各色美味，或是去集市中挑选中意的商品，感受当地百姓的生活。

02 鹿港古街市
 古色古香的小巷 ★★★★

鹿港古街市为瑶林街与埔头街，古街市上多为传统的闽南式建筑，地上铺设了红砖地板，红砖建筑的门前挂着驱邪的艾草，相当古朴。有许多传统工艺（如木雕、童玩以及字画等）的艺术家长驻于此，老街中不仅有古老的回忆，也有许多贩卖新兴商品的店家进驻。经过长期岁月的沉淀，这里的气氛由从前的热闹繁华转为今日的淡泊悠闲。

Tips
- 彰化县鹿港镇瑶林街、埔头街
- 04-7772006
- ¥ 免费
- 12:00—19:00
- 从台中或彰化火车站乘坐彰化客运即达

台湾
攻略HOW

Part.22 阿里山

阿里山是台湾的象征之一,美景缤纷为人称道。这里气候温和,即使是盛夏时节依然清凉宜人,是全台最理想的避暑胜地。

阿里山 特别看点！

台湾攻略 / 阿里山

第1名！
阿里山风景区！

100分！
★ 成为台湾象征的高山，有穿越阿里山的铁路！

第2名！
北回归线天文广场！
90分！

★ 位于北回归线上的天文广场，了解天文与地理知识！

第3名！
嘉义城隍庙！

75分！
★ 嘉义著名的城隍庙，台湾历史最久的城隍庙之一！

 好玩 PLAY

01 阿里山风景区　　　　100分！
● ● ● 最负盛名的景区　　　　★★★★★

** Tips**
🏠 嘉义市阿里山乡　☎ 05-2593900　¥ 假日全票200元新台币，半票100元新台币，团体优待票150元新台币，需20人以上组团。非假日全票150元新台币，半票100元新台币　🕙 全天　🚌 从台北、台中、高雄乘坐开往阿里山的旅游巴士即达

位于台湾嘉义县东部的阿里山风景区是台湾最负盛名的景区。阿里山又叫作"阿里山区"，共由18座高山组成，范围涵盖了赫赫有名的阿里山森林游乐区、丰山等汉人村落、邹人的茶山等部落。而绚烂的日出、朦胧的云海、艳丽的晚霞、层叠的森林、著名的高山铁路等都是阿里山的特色景观。

02 阿里山森林游乐区
● ● ● 丰富的林木资源 ★★★★★

由于阿里山地区垂直高度落差很大，划分出了热带、温带、暖带三种气候带，所以阿里山森林公园里面蕴藏了丰富的森林资源。而最为出名的桧木、台湾扁柏、铁杉、台湾杉、华山松，被称为"阿里山五木"。漫山遍野的林木与各种花卉奇草交相辉映，吸引着各地游客前来游览。

Tips
嘉义市阿里山乡中正村59号　05-2593900　假日全票200元新台币，半票100元新台币，团体优待票150元新台币，需20人以上组团。非假日全票150元新台币，半票100元新台币　全天　从台北、台中、高雄乘坐开往阿里山的旅游巴士即达

03 阿里山森林铁路
● ● ● 阿里山旅游的独特魅力之一 ★★★★★

铁路位于阿里山风景区，在1899年由日本人兴建，后又有增设，总长达71.4公里，有螺旋形、8字形、Z字形等不同的轨道设计，以适应不同的山势与地形。坐着行驶在窄轨上的森林火车游览，是游阿里山的一大特色。火车行驶于海拔高于2000米的崇山峻岭之间，果园、住家、形态各异的巨石、火烧木随处可见。

Tips
嘉义市阿里山乡中正村　05-2593900　假日全票200元新台币，半票100元新台币，团体优待票150元新台币，需20人以上组团。非假日全票150元新台币，半票100元新台币　全天　从台北、台中、高雄乘坐开往阿里山的旅游巴士到达阿里山，之后乘坐森林铁路即可

05 阿里山步道
● ● ● 欣赏日出的必经之路 ★★★★★

位于阿里山森林里的步道是了解、认识阿里山最好的地方，而最出名的莫过于连接里佳和山美村的里美步道，海拔落差达600余米。走在这条早年的移民古道上，沿途可以看到叠翠的山峦、潺潺的溪流，步道两边的参天巨树、水流、小花、蘑菇等交相呼应，夏季时还能看到油桐落花、攀缘灌木、樱花等别有韵味的植物。

Tips
嘉义市阿里山乡中正村　05-2593900　假日全票200元新台币，半票100元新台币，团体优待票150元新台币，需20人以上组团。非假日全票150元新台币，半票100元新台币　全天　从台北、台中、高雄乘坐开往阿里山的旅游巴士即达

04 祝山
● ● ● 阿里山知名的观日出景点 ★★★★

祝山属于阿里山山脉，是著名的观日景点，坐上阿里山森林小火车就可以到达海拔2500米的山顶。祝山拥有塔山、秀姑峦山、玉山主峰三大绝顶。山上的观日天台由林管处重建过，平台中间雕刻有太阳图形，并标有二十四节气，还设有彩虹光纤端面光缆，在阳光的映照下非常漂亮，每天都会有大量游客来此欣赏并亲近大自然。

Tips
阿里山森林游乐区，沼平公园东南　阿里山旅客服务中心：05-2679917；嘉义林管处：05-2787006　免费　全天　自嘉义市搭阿里山火车，于沼平车站下车步行或乘坐祝山线火车即达

06 慈云寺
● ● ● 眺望阿里山云海的绝佳地点 ★★★★

慈云寺修建于1919年，因当地景色与印度圣地灵鹫山颇为相似而建立。寺院所在地树木青翠，更加显得寺庙金碧辉煌。寺内现存的碑刻都有极高的艺术价值和历史价值，已被很好地保护起来。而寺庙的四周群峰林立，重峦叠嶂，景色十分优美。慈云寺内供奉着外覆铜、内装金砂的释迦牟尼像。自建寺以来，无数烧香许愿的香客纷至沓来。

Tips
阿里山乡香林村66号　05-2679720　免费　全天　从台北、台中、高雄乘坐开往阿里山的旅游巴士到达阿里山，之后乘坐森林火车即达

07 高山植物园博物馆
● ● ● 了解阿里山丰富多彩的植被生态 ★★★★

植物园位于台湾慈云寺大门左侧，有150多平方米的空间，展示有数百种的植物，每种植物都有详细的指示牌，以供游客辨识。而植物园旁边的高山博物馆也是游客不可错过的场所，馆内详细介绍了阿里山的动物、植物、土质、标本以及一些早期的器具和工具，图文并茂，能让参观者对阿里山有更清晰的了解。

> **Tips**
> 🏠 阿里山森林游乐区，神木群步道西侧　☎ 05-2679917　💰 免费　🕐 全天开放　🚌 从台北、台中、高雄乘坐开往阿里山的旅游巴士到达阿里山，之后乘坐森林铁路即达

08 奋起湖风景区
● ● ● 原始探险的情趣 ★★★★

位于嘉义县竹崎乡中和村的奋起湖海拔约1400米，旧称"畚箕湖"。这里以车站为中心，区内以瀑布、溪水、奇石、怪木等自然景观著称，处处充满了原始探险的情趣。车站斜前方的四方竹、义母树十分独特，西南侧的蝙蝠行宫、英雄壁、三重峭壁间的天堑，是游客探险、攀岩壁的好地方；而景区内的大冻山、七星石、像一座巨碑的小石山，也是不可错过的景点。

> **Tips**
> 🏠 嘉义县竹崎乡中和村　☎ 05-2593900　💰 免费　🕐 全天　🚌 在嘉义市北门车站乘坐阿里山森林铁路列车到奋起湖站下车即达，或者在嘉义火车站前乘坐往奋起湖方向的嘉义县公车也可到达

09 丰山风景区
● ● ● 风光秀美的景区 ★★★★

位于台湾嘉义县阿里山乡的一个平地村落，周围山峰林立，使丰山成为一个盆地，溪流穿流其间，气候终年舒适凉爽。风景区内有众多天然景观，全台湾最高的蛟龙大瀑布气势磅礴、华丽壮观的石盘谷瀑布群、全台湾最大的天然山洞千人洞，还有梅花岭、仙树抱石等风景区，吸引了大量的观光客。

> **Tips**
> 🏠 嘉义县阿里山乡丰山村，嘉义、云林、南投三县交界处　☎ 05-2536146　💰 免费　🕐 全天开放　🚌 嘉义火车站前搭往达邦、阿里山的县营公车，于石卓下，或搭往奋起湖的车于终点站下车，预约丰山地区旅店或小客车前来接送

10 中华民俗村
● ● ● 浓郁的民俗文化 ★★★★

位于嘉义县中埔乡的民俗村是阿里山公路上的一个主题公园，占地共12万平方米。民俗村内的建筑多为闽南风格，典雅优美，古色古香。而村内的欧式花园如油画般精致、华贵，两者组合相得益彰，是中西文化融合的典范。民俗村内还有蜡像馆、老街、民俗博物馆，世界上最长的玉屏也藏于其中，屏风上的各种图案无一不让人感慨匠人的巧夺天工。

> **Tips**
> 🏠 嘉义市中埔乡社口村社口一号　☎ 05-2536601　💰 全票380元新台币、半票330元新台币　🕐 8:00—17:00　🚌 乘台铁至嘉义火车站，下车后换乘往阿里山方向的客运车，在吴凤庙站下车即达

11 北回归线天文广场 90分！
●●● 北回归线的标志 ★★★★

该广场位于嘉义县水上乡下寮村鸽溪寮，包括北回归线园区、北回归线标志公园和北回归线太阳馆等区域。这里设有日晷、窥阳管等古代天文仪器，还有九大行星模型，供游客学习和了解天文知识，而北回意象标线完整地呈现了北回归线的天文地理象征。

Tips
- 🏠 嘉义县水上乡下寮村鸽溪寮 ☎ 05-2864905
- ¥ 免费 ⏰ 室内展览区：9:00—12:00，14:00—17:00；周一休馆，夜间灯光秀：17:30—23:00
- 🚌 在嘉义火车站乘坐嘉义客运在北回站下车即达

12 嘉义市史迹资料馆
●●● 日式神社内的乡土资料馆 ★★★★

嘉义市史迹资料馆是由日据时期的日式神社改造而来的，具有鲜明的时代色彩。资料馆内用翔实的资料展示了嘉义地区几百年来的历史变迁，又反映了嘉义人民在不同时代表现出的独特风貌。这两栋建筑物属于日本"书院造"的建筑形式，主要以木材料构成，外观简约美观。

Tips
- 🏠 嘉义市东区公园路42号市政府服务中心 ☎ 05-2711647
- ¥ 免费 ⏰ 周二至周日9:00—17:00，周一休息
- 🚌 自嘉义火车站前搭县营公车市区2路，于嘉义公园站下车即达

13 嘉义城隍庙 75分！
●●● 台湾最早的城隍庙之一 ★★★★

嘉义城隍庙建于清朝初期，是台湾最早的城隍庙之一，几百年来一直香火旺盛。殿内还有光绪皇帝御赐的匾额——"台扬显佑"，可以想见其昔日风光。这座城隍庙前有一座巍峨耸立的牌坊，正殿雕梁画栋，富丽堂皇，美若宫殿，石墙上有交趾烧名师林添木、陈专有的作品，值得细细鉴赏。

Tips
- 🏠 嘉义市东区佑民里七邻吴凤北路168号 ☎ 05-2243339 ¥ 免费 ⏰ 6:00—22:00 🚌 于嘉义火车站前搭往梅山、新乐寮、竹岐的嘉义县营公车，于东市站下车即达

14 嘉义九华山地藏庵

嘉义地区最雄伟的宫殿式建筑 ★★★★

历史悠久的嘉义九华山地藏庵是祭祀地藏菩萨的地方，也是嘉义地区最雄伟的宫殿式建筑。这座庙宇外观庄严肃穆、金碧辉煌，殿内雕刻精美且具有现代艺术色彩，而那些佛像却很有古色古香的韵味。一层阎罗殿的深处，有一个大算盘悬挂在屋顶上方，据说是地藏菩萨用来计量功德罪恶的器具。

> **Tips**
> 嘉义市东区民权路225号 ☎ 05-2222555 ¥ 依参拜项目而不同 ⏰ 5:00—21:30 🚌 在嘉义火车站前搭5路市公车（嘉义县营公车），至法院站下车即达

15 嘉义市交趾陶馆

感受交趾陶艺的美感 ★★★★

嘉义市交趾陶馆是介绍交趾陶艺术的地方，来到这里可以近距离体验交趾陶的艺术美。第一区是介绍交趾陶之美的地方，第二区是介绍交趾陶历史源流、发展的区域，第三区是阐述交趾陶艺术品与建筑装饰搭配的地方，第四区是反映交趾陶的变迁，第五区的展品都是现代艺师的作品。

> **Tips**
> 嘉义市东区忠孝路275号 ☎ 05-2788225 ¥ 依展览不同而异 ⏰ 9:00—12:00、13:00—17:00，周一、周二休息 🚌 自嘉义市搭往大林、岑子的嘉义县营公车，于文化局站下车即达

16 嘉义公园

精致的市区休闲公园 ★★★★

嘉义公园是一座颇为精致的市区休闲公园，潺潺流水间充满雅致风韵，再加上满园的繁茂植被，让这里成为嘉义市民首选的休闲之地。这里也是旅游观光的好地方，21号蒸汽火车头、12门古炮都是著名的景点。公园内还有由乾隆皇帝亲笔书写的福康安生祠碑，以及嘉义古城遗迹太保楼等古迹。

> **Tips**
> 嘉义市东区公园路46号 ☎ 管理中心：05-2767016 咖啡厅：05-2756988 ¥ 免费 ⏰ 展望厅9:00—24:00，咖啡厅9:00—次日凌晨1:00；周一、周二休息 🚌 自嘉义火车站前搭县营公车市区2路，于嘉义公园站下车即达

17 新港奉天宫
台湾著名的妈祖庙 ★★★★

新港奉天宫是台湾著名的妈祖庙，历史上曾几经损毁重建。宫内供奉着由樟木雕刻而成的妈祖神像，前殿内有精美的石刻，中门处用彩绘的升降龙做门神，正殿奉祀天上圣母，殿中物品雕法密实，花卉图案清晰而繁复，后殿还供奉着观音菩萨等佛教诸神。这里在每年的农历正月十五、三月十五、七月十五都会举办各种祭奠活动。

Tips
- 嘉义县新港乡大兴村新民路53号　05-3742034　免费　8:30—16:30　自嘉义县火车站搭往北港的县营公车或嘉义客运新港站下车即达

18 艺都表演村
文艺气息浓厚的主题公园 ★★★★

位于嘉义交流道旁的艺都表演村原为"农村文物公园"，现在表演村内仍保持着原来公园的景物装饰，并在原有的基础上安置了众多大型的游乐器材，划分为机械欢乐城、地底探险乐园、科技广场三大主题游乐区，游乐已成为艺都表演村的特色。表演村还建有天使花园、勤耕园、交趾陶博物馆等人文景观，由于交通方便，游乐设施齐全，文化气息浓厚，还定期举办文艺表演，这里已成为该地区热门的休闲场所。

Tips
- 嘉义县太保市中山路一段64号　05-2380755　400元新台币　平日8:30—17:30，假日8:00—18:00　自嘉义市搭经月眉往北港的县营公车、嘉义客运，于牛将军庙或水牛馆站下车即达

19 中正大学
庄重典雅的校园 ★★★★

中正大学校园内的建筑十分庄重典雅，一栋栋红砖建筑矗立其中，每栋楼又都富有不同的建筑风格和色彩的变化，加上校园内绿树映衬、宁静湖的点缀，呈现出世外桃源的幽静。位于大学中心的图书资讯大楼，具有最现代的视听设施；大气的行政大楼、大礼堂，满足老师和学生各种工作、娱乐需求，结构精致的学生宿舍、造型迥异的学院建筑群，更是引人注目。

Tips
- 嘉义县民雄乡大学路一段168号　05-2720411　免费　全天　乘坐公交车7306、7310路在中正大学站下车即达，或者自嘉义县火车站前搭县营公车往中正大学方向

20 嘉义农场
●●● 欧式风格的异域风情　　　　　　　　　　　★★★★

位于嘉义县3省道上，其中的曾文水库为全台湾养殖淡水鱼的重要产地。整个农场分为住宿餐饮、休闲娱乐、森林步道三大区，能满足游客的各种需求。农场白墙红瓦，窗边镶嵌褐色装饰条，具有典型的欧式风格，一栋栋建筑在绿色草坪的衬托下展现出不同的异域风情，建筑与风景完美结合，让游客流连忘返。

Tips
🏠 嘉义县大埔乡西兴村4邻3号　☎ 05-2521054、2521710-1　💰 住宿二人房2200元新台币起
🕖 7:00—22:00　🚌 自嘉义市搭往嘉义农场的县营公车，或自玉井搭往大埔的兴南客运可达

21 曾文水库
●●● 台湾第一大水库和人工湖泊　　　　　　　　★★★★

Tips
🏠 嘉义县大埔乡和平村双溪9-3号　☎ 05-57534311-5　💰 住宿二人房2200元新台币起
🚌 自台南市火车站搭往曾文水库的兴南客运可分抵各主要景点

该水库位于台湾嘉义县境内曾文溪上游的大浦溪上，是台湾第一大水库和人工湖泊。这里是台湾最出名的淡水鱼养殖基地，除了水库应有的发电、灌溉、公用水供应等功能外，此处已成为著名的旅游区。这里纯天然的生态资源丰富，还设有活动中心、溪畔游乐区、鸟宫花园、水库观景台等众多娱乐设施，水库与周围翠绿的山岭互相映衬，景色宜人。

好买BUY

01 洪雅书房
台湾著名的特色书店 ★★★★

Tips
- 嘉义市长荣街116号
- 05-2776540
- 免费
- 14:00—21:30
- 乘坐7304、7305、7310、7315路公交车在东市场站下车即达

洪雅书房是台湾著名的特色书店，这里的装饰富有台湾少数民族的文艺气息。书店内的书籍都是经过精心挑选的，内容大都是针对社会边缘群体、乡村民众、文艺活动的普及、农业的再发展之类。书店还会经常举行各种活动，如带领志愿者参与改变嘉义贫穷人民命运的活动等。

台湾攻略 阿里山

好吃 EAT

01 民国路面食街
远近闻名的面食街 ★★★★

Tips
 嘉义市东区民国路　🚇 依各店铺而异　🕐 依各店铺而异　🚌 乘坐市区2、7311、7318、7320、7327路公交车在地方法院站下车，步行5分钟即达

　　民国路面食街毗邻文教区和眷村区，最早有许多老兵及其眷属在此开店，逐渐形成了远近闻名的民国路面食街，东西南北的风味都能在这里品尝到。面食街的小吃以面食为主，烧饼、馒头、锅贴以及各式面点应有尽有。这里最著名的美食要数阎记芝麻葱饼，此外还有水煎包、鲜肉酥饼等颇受欢迎的小吃。

02 喷水鸡肉饭
嘉义最负盛名的美食之一 ★★★★

Tips
🏠 嘉义市中山路325号　☎ 05-2222433　🕐 9:00—21:00　🚌 乘坐7302、7308、7311、7314、7318路公交车在中央喷水池站下车即达

　　喷水鸡肉饭是嘉义最负盛名的美食之一，而这家中山路325号的喷水鸡总店更是历史久远，每日食客盈门，味道正宗。喷水鸡肉饭是简单的火鸡肉丝淋上些鸡油与甜酱油，外加一片腌黄瓜。搅拌均匀的鸡肉饭，每一粒白米饭粒都被鸡油充分包裹，粒粒分明，香气四溢。细细咀嚼，香味充溢在嘴里，而且味道持久，越嚼越香，添上一片黄瓜，十分顺口和清爽。如果你热爱美食，这道喷水鸡肉饭一定不能错过。

03 民雄鹅肉太郎本店
嘉义观光的重头戏 ★★★★

Tips
 嘉义市民东区民族路15号　☎ 05-2063438　🕐 9:00—20:00　🚌 乘坐市区2路公交车在二二八纪念馆站下车即达

　　近年来各地游客到嘉义观光时，要到民雄吃鹅肉已经成为必选项目。嘉义县民雄村的民雄鹅肉太郎本店则是当地众多鹅肉店中最为食客推崇的一家，鹅肉口感鲜嫩，令人赞不绝口。

04 林聪明家砂锅鱼头
● ● ● 慢火炖煮出的美味　　★★★★

林聪明家砂锅鱼头是深受嘉义人喜爱的家常美食，这里的招牌菜砂锅鱼头只需要200新台币就可以供三个人大快朵颐一番。此外还可以品尝到各种当地特色的家常菜，明亮的就餐环境也令食客感到轻松愉悦。

Tips
- 嘉义市中正路361号；华光路122号
- 05-2270661　15:00—23:00　从嘉义站沿中山路步行约15分钟即达

05 老杨方块酥
● ● ● 嘉义知名的方块酥　　★★★★

"老杨方块酥"是嘉义颇为知名的一家经营方块酥的店铺，他家的口味多样化，除了有传统奶油口味外，还有竹炭、巧克力、海苔、香葱、杏仁、蔬菜、鸡蛋、抹茶、黑糖高钙、芝士、咖喱、茶梅等10余种新口味。此外还可在此购买诸如凤凰酥、凤梨酥等甜品，口感香松酥脆，令人印象深刻。

Tips
- 嘉义市民国路179号　05-2751046/2200520　8:30—21:30　乘坐市区2、7311、7318、7320、7327路公交车在地方法院站下车，步行2分钟即达

06 文化路夜市
● ● ● 台湾著名夜市之一　　★★★★

文化路夜市是台湾著名夜市之一，这里交通便利，每天晚上都有大批游客来此购物或享用美食。长不过四五百米的文化路，白天是一条车道，每到夜晚，道路两边到处布满了香气四溢的小食铺，鸡肉饭、香肠、罗山米糕、莲子汤、方块酥等经典风味小吃或特产，十分受人欢迎。除了美食，衣服、饰品、小商品摊位也是夜市不可错过的地方，可以淘到很多物美价廉的精品，而夜市入口处的七彩水池更是休憩的好地方。

Tips
- 嘉义市文化路　05-2254321　19:00—22:00　从嘉义火车站沿中山路直行到中央喷水池左转，步行15分钟即达

07 真味珍香肠
● ● ● 浓浓的嘉义味道　　★★★★

真味珍香肠以台式和广式为主，其中台式香肠又分为原味和五香味，广式香肠除原味外则有蒜味和黑胡椒等口味。真味珍香肠作为嘉义特产之一，对当地人来说是童年的美好回忆，而品尝过的食客也对其赞不绝口。

Tips
- 嘉义市忠义街117号（西市场前）
- 05-2223890　8:10—21:30　乘坐7302、7308、7311、7314、7318路公交车在中央喷水池站下车，步行5分钟即达

台湾
攻略HOW

Part.23
台南

　　台南市是台湾岛上历史最悠久的城市,作为台湾最初设立首府的所在地,台南是一座怀旧气息与南国活力并存的城市,古都独有的魅力吸引了世界各地游客的目光。

台南 特别看点！

第1名！
台南大天后宫！

100分！
★ 王府改建的天后宫，第一座官建的妈祖庙！

第2名！
赤崁楼！

90分！
★ 荷兰殖民者的红毛楼，感受沧桑的历史！

第3名！
安平古堡！

75分！
★ 旧时荷兰人的统治中心，历史悠久的古堡！

好玩 PLAY

01 赤崁楼　90分！
台南现存年代最久远的古迹 ★★★★

赤崁楼是台南现存年代最久远的古迹，也是台南代表性的名胜。该楼原为普罗民遮城，1650年为荷兰人所建，其内的文物与建筑历经3个世纪之久，其中最为突出的是文昌阁与海神庙两座红瓦飞檐的中国传统建筑和其广阔庭园中的御龟碑。

Tips
🏠 台南市中区民权路　☎ 06-2235665　💰 50元新台币　🕗 8:30—17:30　🚌 搭台南市公车17路或市区公车3、5、88、99路，于赤楼站下车即达

02 台南延平郡王祠
● ● ● 全台最早的郑成功祠　　★★★★

Tips
- 台南市中区开山路152号
- 06-2135518
- 50元新台币
- 8:30—17:30
- 搭台南市公车6、17路，于延平郡王祠下车即达

始建于清初的延平郡王祠是全台最早、最著名的郑成功祠，又称开山圣王庙，原是民众为纪念郑成功的功绩暗中修建的。这座福州式庙宇建筑是台湾最具规模的郑成功祠堂，祠中供奉着郑成功及明郑诸臣的牌位。庙宇占地广阔，庭园修筑得极美，整体风格庄严典雅，古木参天，绿瓦红墙衬托祠外的小桥池树，古意盎然。

03 台南市消防局
● ● ● 拥有70年历史的古建筑　　★★★★

Tips
- 台南市中正路2之1号
- 06-2975119
- 免费
- 全天开放
- 在台南车站搭乘1、2路巴士或开往台南站的巴士在民生绿园站下车后步行约1分钟即达

台南市消防局建于日据时期，于1938年竣工，曾是台南市内最高的建筑物之一，过去先后被用作消防局、警岗及警察会馆的联合行政大楼。现今这座白色的古建筑仍在使用中，仿佛向游客述说其所经历的漫长历史。

04 台南孔庙
● ● ● 全台最早的文庙　　★★★★

Tips
- 台南市中区南门路2号
- 06-2214647
- 25元新台币
- 8:30—17:30
- 搭台南市1路公车，于孔子庙站下，或乘2、5、6、7、15、19、25、26路公交车民生绿园站下即达

台南孔庙是全台最早的文庙，也是目前台湾历史最悠久、建筑群最壮观的孔庙。传统的中式建筑古风十足，是台湾拥有独特风格的古迹。孔庙建筑庄严宏伟，遵循左学右庙、前殿后阁的标准格局，庙门以一张"全台首学"的金字横匾作为登堂之阶，庙堂文物众多，殿宇恢弘，气氛肃穆，格局完整，不愧为文庙之宗。

05 台湾文学馆
● ● ● 第一所专门介绍台湾文学的博物馆　　★★★★

Tips
- 台南市中西区中正路1号
- 06-2217201
- 免费
- 每周二到周日10:00—17:00，周五、周六延长至21:00
- 自台南市火车站沿中山路步行约15分钟即达

于2003年正式开馆营运的台湾文学馆原为台南市主管机关所在地，是台湾第一所专门介绍台湾文学的博物馆。馆舍是一座拥有百年历史的古建筑，文学馆除有收藏、保存、研究的功能外，还有图书阅览区，更可以通过文学研讨会、艺文讲座、展览、推广教育等方式，有效地拉近民众与文学的距离，带动了文化发展。

06 汤德章纪念公园
●●● 适合漫步的城市地标　★★★★

　　汤德章纪念公园原名为民生绿园，为纪念在二二八事件中壮烈牺牲的汤德章，后更名为汤德章纪念公园，并立汤先生铜像为纪念。公园矗立于台南市重要道路的交岔处，每年圣诞节总会布置有高大的圣诞树，可见公园于今日仍有重要的地位。公园内富有西洋风情的建筑为台南市增添了不少活泼与生气。

> **Tips**
> 🏠 台南市中西区、七路交会的圆环，台南市道路中心　☎ 06-6322231　💰 免费　🕐 全天　🚌 自台南火车站乘2、5、6、7、15、19、25、26路公交车民生绿园站下车即达

07 台湾成功大学
●●● 台湾南部的精英学府　★★★★

　　台湾成功大学首创于1931年，有着悠久的历史，也是台湾两所最健全的综合大学之一。成大校本部由紧密相连的八大校区组成，分布于台南市核心地区，涉及的学术领域十分全面。学校拥有全台一流的图书馆，馆内舒适典雅、藏书丰富。校内的景致更是令人印象深刻，美丽的校景给莘莘学子提供了一个读书的好环境。

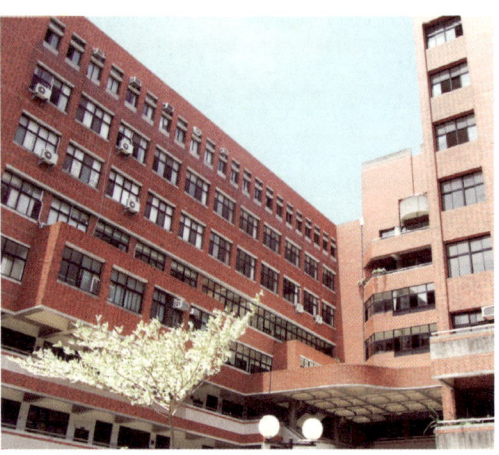

> **Tips**
> 🏠 台南市东区大学路1号　☎ 06-2757575　💰 免费　🕐 全天　🚌 乘2、5、6路公交车成功大学站下车即达

08 台南地方法院
●●● 外观漂亮的行政大楼　★★★★

　　台南地方法院建于明郑时期，曾为兵马营的所在，清末成为史学家连横的故居，战后地方法院曾数次进行修缮，外观采用西洋建筑中较为尊贵、高级的圆顶式结构。然而高塔墙壁后来出现龟裂，且有地基下沉的现象，只得加以拆除，于是便形成今日只剩东侧圆顶、不见西侧高塔之外貌。

> **Tips**
> 🏠 台南市健康路三段308号　☎ 06-2757575　💰 免费　🕐 8:00—17:00　🚌 乘坐台南市14路公车在健康二街口站下车向南步行10分钟即达

09 台南公园
洋溢着南国氛围的城市公园 ★★★★

台南公园位于台南北门路与公园路之间,占地面积广,台南市大型湖泊以著名的台南公园内的燕潭为代表。园内浓荫处处,静谧的荷花池,池畔垂柳依依,韵味悠长。荷花池旁有一座清嘉庆二十年(1815)修建的重道崇文坊,整座石坊在花木、池水的映衬下古意盎然。园内拥有儿童游乐区、喷水池、音乐台等,无论何时,公园都是运动休闲的好去处。

Tips
- 台南市北区公园路356号 06-6322231 免费
- 全天 自台南市火车站,乘市区2、5路公车,中山公园站下车即达

10 台南测候所
百余年前的气象观测所 ★★★★

台南测候所以圆形建筑与宽烟囱塔楼两种构造组成,用于气象观测。圆形建筑以风力计为中轴,上铺屋瓦,外部搭有18条放射状钢条,是台湾19世纪末少见的大型建筑之一,其年代久远,是现代气象观测的启蒙地。

Tips
- 台南市中西区公园路21号 06-3459220
- 免费 全天开放 自台南市火车站沿花园路步行即达

11 台南大天后宫 100分!
台湾第一座政府兴建的妈祖庙 ★★★★

Tips
- 台南市中区永福路二段227巷18号 06-2211178、06-2227194 免费 6:00—17:30
- 搭台南市公车17路或市区公车3、5号,于赤崁楼下车即达

大天后宫与祀典武庙毗邻相接,俗称台南妈祖庙,建于1664年,是台湾上百座妈祖庙中最为尊贵的一座,也是唯一一座被列入官方春秋祭典的妈祖庙。大天后宫延承明朝官家建筑物的恢弘格局,使三川门、拜殿、正殿和后殿逶迤延伸,错落有致,各殿布置清雅洁静,实有古宫殿的气派。此外,巍峨宏大的镇殿妈祖更是香火不断。庙中雕刻生动细腻,栩栩如生,堪称精品,令人叹服。

12 台南祀典武庙
● ● ● 深受当地人喜爱的古庙　　　　　　　　★★★★

Tips
- 台南市中区永福路二段229号
- 06-2202390
- 免费
- 5:00—21:00
- 乘台南市17路公车或市区3、5路公车,于赤崁楼下车即达

　　台南祀典武庙又称关帝庙,经屡次重修与扩建,是唯一被正式列入官祀的武庙。此庙含有三进三殿,皆由朱红山墙连接而成。第一进主祀武圣关公,第二进祀武圣三代祖先,第三进供奉有佛教的观音菩萨与十八罗汉。整座庙宇庄严清静,是很有历史价值的遗址。

13 台南车站
● ● ● 外观雅致的白色车站　　　　　　　　★★★★

Tips
- 台南市东区北门路二段4号
- 06-2261314
- 免费
- 6:00—24:00
- 乘坐火车在台南车站下车即达

　　曾被称为台南驿的台南车站于1936年正式落成,这座水泥建筑由宇敷赳夫设计,采用了简洁而有力的折中样式。其大厅由圆形拱门组合而成,现今还配备有加装了跑马灯的贩卖部、舒适的坐椅以及播放国内外新闻的超大型屏幕。车站月台则是采取了工字形梁架设计。最具特色的是站在月台上,无论从哪个角度都可欣赏到别致的风景,叫人称绝。

14 鹿耳门天后宫
● ● ● 历史悠久的妈祖庙　　　　　　★★★★★

Tips
- 台南市南区显草街三段1巷236号
- 06-2841386　免费　8:00—17:00
- 自台南市火车站搭市区3路公车,在海东小学站转乘市区10路公车,于鹿耳门天后宫站下车即达

　　首建于1661年的鹿耳门天后宫最早位于北汕尾屿,历史悠久,长年有大批信徒前来进香膜拜。鹿耳门天后宫是南方传统的闽式建筑格局,大殿左右回廊贯通,一气呵成。其内含有三川五门、三川殿、正殿和后殿,其主祀为鹿耳门妈祖。每年庙方都会举办丰富的祭祀活动,其间包括送神封印大典、赐通宝、迎喜神、施放妈祖灯等一系列活动,热闹非凡。

15 旧台南放送局
● ● ● 变身为艺术沙龙的广播局　★★★★

建于1932年的旧台南放送局位于台南大南门公园内，是当时府城广播电台的始祖。放送局实为广播电台，是全台仅设的五处放送局之一。旧台南放送局为日式与西洋混搭的建筑风格，整栋建筑外墙均贴有不同颜色的面砖，呈现水平线条设计，充满现代气息。

> **Tips**
> 🏠 台南市中区南门路38巷　💰 免费　🕘 9:00—17:00　🚌 自台南火车站搭市区1路公车，于大南门站下车即达

16 台南开元寺
● ● ● 台湾罕见的大型佛寺　★★★★

奠基已有百余年历史的开元寺位于府城东北方，由郑成功世子郑经所建。开元寺殿宇巍峨壮丽，为三殿式建筑，传统的伽蓝式格局至今仍保存完好。前殿奉有弥勒佛像和四大天王，大雄宝殿供奉释迦牟尼、阿难尊者和文殊菩萨，大士殿中还奉有惟妙惟肖的千手观音。功德堂内留有一口古井，相传是明郑庙中僧伽主要的饮水来源，现已用栅栏围护，供人凭吊。

> **Tips**
> 🏠 台南市南区北园街89号　☎ 06-2375635　💰 免费　🕘 8:00—17:30　🚌 自台南市火车站搭市区5路公车，于开元站下车即可到达

17 台湾开拓史料蜡像馆
● ● ● 有百年历史的西式建筑　★★★★

> **Tips**
> 🏠 台南市安平区古堡街108号　☎ 03-3910901　💰 20元新台币　🕘 8:30—17:30　🚌 自台南火车站搭市区2路公车，于安平站下车即达

前身为英商"德记洋行"的台湾开拓史料蜡像馆正式成立于1981年，蜡像馆内设有"时空走廊"，以图片的形式记录了"德记洋行"的历史和发展历程。而馆后还设有艺术村，原为"德记洋行"的仓库，因一棵年代已久的榕树盘踞其上而取名"树屋"。另外，整栋建筑采用拱廊模式来避免雨水及日光的曝晒，与传统安平民宅完全不同，显示出西式建筑特色。

18 安平开台天后宫
民间信仰的中心地 ★★★★

Tips
🏠 台南市安平区国胜路33号 ☎ 06-2951915
💰 免费 🕐 8:30—17:30 🚌 自台南火车站搭市区2路公车,于安平站下,下车后前行左转进入古堡街即达

　　号称供奉着"护军妈祖"的安平开台天后宫始建于1668年,长年香火缭绕,人气鼎盛,是安平地区最大的庙宇,主祀天上圣母,当地人均称其为妈祖宫。妈祖宫的建筑构架十分现代化,雕梁画栋,装饰华丽。宫外墙壁上刻写了郑成功的显赫战迹,寺内则供有大妈、二妈及三妈三尊软身雕像,刻画细腻,栩栩如生。相传宫内曾燃起熊熊烈火,但三尊妈祖仍安然无恙,因此被传为佳话。

19 土城圣母庙
东南亚最大的中国式庙宇之一 ★★★★

Tips
🏠 台南市南区城安路160号 ☎ 06-2577047 💰 免费 🕐 8:00—17:30 🚌 自台南市火车站搭台南市29路公车或往土城子、青草里的兴南客运,于圣母庙站下车即达;也可搭市区3路公车,在海东小学站转乘市区12路公车,于圣母庙站下车

　　土城圣母庙又称正统鹿耳门圣母庙,其占地约有10余万平方米,可容纳香客上万人,是东南亚最大的中国式庙宇之一。寺内三大宝殿分别为五王殿、圣母殿和佛祖殿,每栋建筑均采用不同的屋顶形式,有单檐歇山式、三重檐歇山顶等多种样式。无论雕刻还是装潢都极为华美。每年春节期间,当地还会举办民俗盛会,元宵节摸春牛、立春时打春牛都是当地古俗,老少皆会来此求平求吉祥。

20 安平古堡
荷兰人建造的要塞 ★★★★ 75分!

　　安平古堡始建于1624年,日据时期被日本人改为日式海关宿舍,屡经整修后才成为现今的纪念馆,堡中建有古迹纪念馆、望台、古壁史迹公园等景观,此外,还可在此了解到荷据时期以来安平的历史和风貌,包括郑氏史迹、郑荷条约等图文资料,堡内现存遗迹仅有半圆堡及古井遗址等几处景观。

Tips
🏠 台南市安平区国胜路82号 ☎ 06-2267348 💰 50元新台币 🕐 8:30—17:00
🚌 搭台南市15、24路公车,于安平古堡站下即达

21 台南五妃庙
祭祀忠烈女性的寺庙 ★★★★

五妃庙初建于1683年，是纪念明朝宁靖王五位妃子的庙宇。墓庙合一的五妃庙还有拜亭、正殿和几座厢房。该庙总入口处的门扇上绘有彩色门神，威武而神勇，其内歇山马背式的拜亭屋顶独具一格，而庙后则立有刻着"宁靖王从死五妃墓"的纪念墓碑。

- 台南市中区五妃街201号 06-2214647 免费
- 8:30—17:30 自台南火车站搭市区2路公车，于南门路站下车即达

22 长荣女子高级中学
历史悠久的基督教私立学校 ★★★★

长荣女子高级中学创立于1887年，是一所基督教长老派教会学校。毗邻成功大学的长荣女子高级中学是台湾历史最悠久的私立学校，校舍建于1923年，现今依旧保存完好。此外，校内的校史馆中还陈列有大量与学校历史相关的文献资料和展品。

- 台南市长荣路二段135号 06-2740381 免费
- 全天 乘坐6路公交车在成功新村站下车即达

23 亿载金城
台湾第一座现代化西式炮台 ★★★★

俗称大炮台的亿载金城是台湾第一座现代化西式炮台，可以说是台湾炮台史上划时代的里程碑。亿载金城是清末为加强海防而筑的，占地面积广阔，为西洋式红砖建筑，城外引海水为护城壕，城上设有大炮。现在的亿载金城已成为供人们凭吊的历史遗迹，游客能够更深刻地了解当时士兵的生活。

- 台南市安平区光州路3号 06-2951504 50元新台币
- 8:30—17:30 自台南火车站搭台南市15路公车，于永华路二段站下；或搭市区14路公车于亿载金城站下车即达

24 台南大远百娱乐城

当地色彩浓郁的大型百货店 ★★★★

位于台南市公园路的大远百娱乐城是早期台南著名的商圈，经过改造后现在这座娱乐城以影视娱乐为主。位于5～13楼的台南威秀影城共有9间影厅，可容纳2200名观众，豪华的座椅设有专属情人座，还设有轻食吧，你可以在此挑选众多的小食品。而三楼的够坏堂是一间非常有特色的餐厅，带有复古风格的设计、个性的招牌、美味的食品，吸引了许多喜欢猎奇的人。这里还不定期地有大量的歌手、影星来此做宣传。

Tips
- 台南市中西区公园路60号 06-2259101
- 11:00—22:00 搭乘兴南客运、台南市公车、大远百接送车均可抵达

25 珊瑚潭

台湾早期重要的水利工程之一 ★★★★

珊瑚潭实为具有水力发电功能的乌山头水库，是台湾早期重要的水利工程之一，主要用于嘉南平原农作物的灌溉。该水库与乌山头水力发电厂和乌山头风景区连在一起，因从空中看好似绿色珊瑚一般，故得此雅称。整个水库在当时曾闻名一时，修筑达十年之久，可灌溉面积700多平方公里。后在1969年正式由嘉南农田水利会管理，对外开放。

Tips
- 台南县官田乡嘉南村68-2号 06-6982103、6986388 200元新台币 6:00—18:00 由台南市搭往白河的新营、台南客运，在嘉南村下车；或搭往乌山头的兴南客运，在水库门口下车即达

26 顽皮世界野生动物园

全亚洲第一家私人野生动物园 ★★★★

于1994年正式开园的顽皮世界野生动物园，位于台南县学甲镇，是全亚洲第一家私人野生动物园。这座台湾最大的半开放式动物园饲养了来自全球各大洲的上百种野生动物，种类丰富多样。这里有东南亚最大的两栖爬虫博物馆、海洋世界区等多个展览平台。顽皮剧场更准备了使人大开眼界的精彩表演。此外，这里还有室内大型娱乐项目，每一个游客都能尽兴而归。

Tips
- 台南县学甲镇顶洲里75-25号 06-7810000 成人480元新台币、学生380元新台币、儿童280元新台币 8:00—18:00 自新营、学甲搭对开的新营客运于宅仔港站下，步行约10分钟即达

好买 BUY

01 延平街
●●● 古色古香的氛围　　　　★★★★

延平街是安平区一条商业大街，街上曾有一口淡水井，年代久远，水源丰足，曾一度成为居民的重要水源地。后因孵育了肥鲜味美的豆芽而知名度大增，被称为豆菜芽仔井。民间还留有这样一种说法："好坏事都必须经过延平街。"意为镇上所发生的事必须由作为信息中心的延平街来评断才算数，其地位的重要性由此可见一斑。

Tips
🏠 台南市安平区国胜路　☎ 06-2951915　¥ 免费
🕐 全天　台南火车站前搭往安平的市2路公车，于安平邮局下车，下车后前行左转进入古堡街，右手边就是安平古堡，过了古堡后左手边就可以看到延平街

02 新光三越台南新天地
●●● 台南的流行资讯集散地　　★★★★

台南的新光三越台南新天地是新光三越在此的第二家分店，面积达7.1万多平方米，是新光三越最大的分店。这里是南台湾最繁华的商圈之一，有众多国际化的精致商品，美轮美奂的造型设计，俨然使其成为新型休闲、娱乐、餐饮、购物的中心。台南新天地分为三座楼层，每栋都由地下六楼到地上六楼，三座楼层虽独立却连贯起来。卖场内除了许多独家品牌和国际化商品外，还引进了复合式派拉蒙影城，设有巨型瀑布、儿童专属区，室外有星光丽池广场，方便停车的地上停车场，使这里成为新的地标。

Tips
🏠 台南市中西区小西里西门路一段６５８号
☎ 06-3030999　🕐 11:00—22:00　高雄客运台南搭市1、2、5路公车往南至西门邮局站下车即达

03 中正路
●●● 被称为"台南银座"的繁华商圈 ★★★★

> Tips
> 🏠 台南市中正路　🕐 全天开放　🚌 台南车站搭乘1、2路巴士在民生绿园站下车后步行约3分钟即达

台南市中正路在日据时期曾是台南的主要街道，沿街两侧统一设计的商店曾使其享有了"台南银座"的称谓，而台湾最早铺设的地下电缆也使中正路在台湾历史上留下重重一笔。现今的中正路虽然早已不复往日繁华，但沿街仍有不少商家营业，置身其中依稀可以感受旧时繁华的"台南银座"。

04 久大特产行
●●● 工艺品齐全的纪念品店 ★★★★

久大特产行虽然面积不大，但店内商品齐全，琳琅满目，各式商品尤其手工艺品的种类颇为丰富，经常可以看到在这里选购纪念品的背包客。

> Tips
> 🏠 台南市中正路136号　☎ 06-2225545　🕐 10:00—22:00　🚌 台南车站搭乘1、5、18路巴士在西门站下车后步行约5分钟即达

06 振发号茶庄
●●● 百年老字号茶庄 ★★★★

振发号茶庄是一座有着130多年历史的老茶行，店面虽然非常简陋，却有一种古朴的感觉。进门处是茶行的柜台，柜台后面的架子上摆放着很多老锡罐，上面分别标着"状元"、"曼陀"、"大王"等字样，都是武夷茶系里的茶种。由于老板就是茶庄的传人，所以茶庄至今仍保持着浓浓的古风。在这里买的茶都是用油皮纸包装，再用"百年印章"印上茶行、茶种的名称，非常有特色。

> Tips
> 🏠 台南市民权路一段131号　☎ 08-7792026　¥ 免费　🕐 10:00—22:00　🚌 乘坐台南6路公交车在延平郡王祠站下车步行5分钟即达

05 全台首学书房
●●● 与城市相关的文化资料集散地 ★★★★

全台首学书房毗邻台南孔庙，是由一群爱好台湾文化的人共同集资建成的，是一家颇有特色的专业主题书店。书房的宗旨是向台湾乃至全世界推广台湾古迹的相关资讯，致力于台湾文化的传承，所以这里拥有了众多的有关文化、历史、古迹的专业图书。除此之外，这里还有亲切的服务人员提供十分专业的咨询服务以及与古迹有关的周边产品，还定期举办民间讲堂及线上读书等活动，尽可能地服务读者。此外，书店是台湾建筑与文化资产出版社的门店，该出版社以出版文化资产业书籍为主。

> Tips
> 🏠 台南市中西区南门路57号（台南孔庙斜对面）　☎ 06-2209192　🕐 周一至周五10:30—21:00，周六至周日10:00—21:00　🚌 搭台南市1路公车，于孔子庙站下，或搭2、5、6、7、15、19、25、26路，于民生绿园站下车即达

07 周氏虾卷礼盒
余年历史的传统小吃 ★★★★

周氏虾卷已经有50多年的历史，它本是一项传统小吃，后经过改进形成现代化的饮食方式，深受台湾本地及世界各地游客的喜爱。周氏虾卷以新鲜虾仁为主料，皮薄酥脆，鲜嫩多汁，内含新鲜火烧虾、猪肉馅、鱼浆等多种新鲜可口的材料，料足而实在，口感十分好。周氏虾卷推出的台南小吃宴会风味餐，更是提供了多元化的地道美食享受。虾卷曾经代表台湾美食参加国际展，而制成的礼盒更是访亲送友的好礼物。

Tips
- 台南市安平区安平路125号
- 06-2292618 台南火车站对面搭乘高雄客运2路公车，于安平站下车后步行约15分钟即达

08 台南流动夜市
台湾南部特有的流动夜市 ★★★★

作为台湾南部特有的流动夜市，每晚都在各处巡回经营，各种美味的地方小吃和琳琅满目的商品总会吸引众多游客。由于夜市的流动性很大，摊位都没有顶棚，露天的摊位更显得气氛热闹，充满当地特色。

Tips
- 台南市内 18:00—24:00

09 黑桥牌香肠礼盒
传承50余年的传统口味 ★★★★

黑桥牌香肠是传承了50余年的传统口味，精选新鲜优质的猪后腿肉，以传家的专属配料自然腌制12小时以上，不加面粉，不添色素，原汁原味，口味地道。每一种香肠都是按三分肥、七分瘦的肉质比例填充而成，汁香味美，口感十分嫩滑，是台湾人尤其在节假日围着火炉、火锅共同享用的一道必备菜肴。该店的黑桥牌原味鲜串香肠礼盒是当地人节假日走亲访友、聚会野餐的必备菜品。

Tips
- 台南市中西区中正路220号 06-2295248
- 免费 9:00—22:00 乘坐台南14路公交车在中正商圈站下车即达

好吃 EAT

01 阿霞饭店
●●● 有半个多世纪历史的老字号饭店 ★★★★

阿霞饭店是一家历史超过半世纪之久的老字号饭店，这里的招牌菜是红鲟米糕和采用台南市近郊捕获的弹涂鱼煮成的花跳鱼汤，都深受欢迎。宽敞明亮的用餐环境也颇为惬意，在饭店内经常可以看到台湾各界名人。

Tips
- 台湾台南市中西区忠义路二段84巷7号
- 06-2224420
- 11:00—14:00
- 乘坐台南14路公车在吴园站下车步行5分钟即达

02 禄记包子
●●● 小巷深处的肉包店 ★★★★

禄记包子虽然隐匿于小巷深处，却以其美味的肉包远近闻名，每天上午和中午光顾者络绎不绝，新鲜出炉的肉包纯手工制作，美味多汁的口感更是印证了"酒香不怕巷子深"的古话。

Tips
- 台南市中西区开山路3巷27号（清水寺斜对面）
- 06-2259181
- 8:40—18:30
- 乘坐台南2路公车在民生绿园站下车步行2分钟即达

03 赤崁棺材板
●●● 品尝台南名菜 ★★★★

台南名菜"棺材板"是将面包炸得松脆后，将鸡肉、墨鱼、洋葱和胡萝卜等煮成的白汁埋入面包中，最后在上面盖上一片面包片即可，由于形似棺材故而得名"棺材板"。作为享誉台南的名菜，在台南随处可以看到"棺材板"的餐厅招牌，但只有位于台南市中正路上的"赤崁棺材板"才是"棺材板"的创始店。

Tips
- 台南市中西区中正路康乐市场第180号摊位
- 06-2240014
- 10:30—20:00
- 乘坐台南14路公车在中正商圈站下车即达

04 再发号肉粽
享誉全台湾的美味肉粽 ★★★★

位于台南市民权路上的再发号肉粽是一家创业已有百余年历史的老字号肉粽店，再发号的肉粽和海鲜粽都颇为知名，其中招牌的八宝肉粽包裹着五层竹叶，重达600克的肉粽馅料丰富，分量十足，其独特的风味吸引了大量的食客。

Tips
🏠 台南市中区民权路二段71号（大上帝庙旁）
☎ 06-2223577 🕘 9:00—20:30 🚌 乘坐台南14路公车在吴园站下车即达

05 叶小龙小卷米粉
府城小吃中最重要的一项 ★★★★

叶小龙小卷米粉是府城小吃中颇为知名的米粉铺，其创始人叶小龙旧时曾随同父亲一起在赤崁戏院附近贩卖乌鱼米粉和皮刀鱼，之后逐渐改良成用小卷搭配米粉，饱吸汤汁的粗米粉用纯米制成，除了香气浓郁以外，口感也是一流。

Tips
🏠 台南市国华街二段140号 ☎ 06-2226142 ¥ 免费
🕘 8:30—20:30 🚌 乘坐台南14路公车在中正商圈站下车步行3分钟即达

06 度小月担仔面
延续百年的担仔面 ★★★★

位于台南市中正路的度小月担仔面是一家传承四代、延续了百年的老字号面店。旧时台湾出海打鱼的渔民将忙时称为大月，闲时叫作小月，百余年前度小月的创始人洪芋头就在小月时摆摊卖面。如今店中依旧可以看到矮炉、竹凳、红灯笼和烧得发黑的肉臊陶瓮，到这样的店吃上一碗热腾腾的担仔面，仿佛回到百年前的台南，充满怀旧氛围。

Tips
🏠 台南市中区中正路16号 ☎ 06-2231744
🕘 11:30—24:00 🚌 乘坐台南1、7路公车在民生绿园站下车即达

07 陈家蚵卷
老字号的蚵仔春卷 ★★★★

位于台南市安平路的陈家蚵卷在当地极其有名，经常可以看到店员在剥蚵仔壳。作为安平名产之一的蚵卷炸成金黄色的外表颇为诱人，一口咬下可以看到里面塞满软滑的蚵仔。

Tips
- 台南市安平区安平路786号　06-2229661
- 免费　10:00—20:00　台南火车站对面搭乘高雄客运2号公车，于安平站下车步行约15分钟即达

08 莉莉水果店
创业50年的刨冰店 ★★★★

位于台南市府前路的莉莉水果店在台南市是家喻户晓的知名甜品店，迄今已有50余年的历史。不论什么时候走入莉莉水果店，首先映入眼帘的都是色彩缤纷的时令鲜果，用各种新鲜水果制成的刨冰拥有众多"粉丝"，其中最受欢迎的芒果刨冰更是供不应求。

Tips
- 台南市府前路一段199号　06-2227522
- 9:00—21:00　搭台南市1路公车于孔子庙站下，或搭2、5、6、7、15、19、25、26路，于民生绿园站下车即达

09 福记肉圆
台南风味的肉圆 ★★★★

台南市府前路的福记肉圆在台南颇为知名，用番薯粉包着猪肉馅做成的肉圆需要浇上特制的甜辣酱吃，比起台湾北部多用油炸的方法，台南的肉圆蒸煮而成，毫不油腻的口感更是风味独特，容易入口。

Tips
- 台南市中西区府前路一段215号　06-2157157
- 6:30—18:00　搭台南市1路公车，于孔子庙站下车即达

10 老牌鳝鱼面
台南的传统小吃 ★★★★

台南市康乐市场的"老牌鳝鱼面"创店至今已有80余年的历史，作为台南的风味小吃，该店所用的鳝鱼都是事先放入清水两日后才用来烹制，下锅后大火快炒，滑嫩爽脆的口感颇为鲜美。值得一提的是，"老牌鳝鱼面"的师傅做出一份鳝鱼面只需不到30秒的时间，加上独门配方，酸中带甜的滋味更是令人回味无穷。

Tips
- 台南市中西区中正路康乐市场第113号摊位
- 06-2249686　11:30—21:00　乘坐台南14路公车在中正商圈站下车即达

11 乌鱼子
延续三代的技艺传承 ★★★★

香群食品行吉利号延续三代60余年的技艺传承,以海捕的野生上品乌鱼作为材料,经过繁复工艺制成的乌鱼子带有传统乌鱼子独有的香醇,口感更是一流,吸引了众多食客。

Tips
- 台湾台南市安平路500巷12号　☎ 06-2299709
- 台南火车站对面搭乘高雄客运2号公车,于安平站下车步行约15分钟即达

12 台南蔡虱目鱼
台南的传统美食 ★★★★

台南蔡虱目鱼是全台南第一家24小时营业的虱目鱼专卖店。作为台南的传统美食之一,虱目鱼的最大特色就是从头到尾都可食用,不论鱼粥、鱼皮汤、鱼丸汤、鱼肚汤、鱼头汤、煎鱼肚、煎鱼肠、豉汁鱼肚、豉汁鱼肠、豉汁鱼头等,都可以在"台南蔡"品尝到,在此还不时可以看到马英九及孙燕姿等名人的身影。

Tips
- 台南市北区公园南路168号　☎ 06-2263110
- 6:30—13:00　乘坐台南7路公车在民德路口站下车步行3分钟即达

13 小南米糕
三代相传的传统美食 ★★★★

小南米糕已经在此延续三代,食客可以品尝竹筒蒸熟的筒仔米糕和普通瓦锅煮熟后浇上肉臊、鱼松和腌黄瓜的糯米饭。

遵循传统工艺的小南米糕使用竹叶包裹,散发着浓郁的芳香,而肉臊则是用旗山黑猪肉制成,令人垂涎欲滴,被誉为"府城十大传统美食"。

Tips
- 台南市大同路一段189号　☎ 06-2137718
- 11:00—23:00　乘坐台南公交车在胸腔医院站下车,向南步行3分钟即达

14 古堡蚵仔煎
近半世纪悠久历史的蚵仔煎老店 ★★★★

古堡街的古堡蚵仔煎是一家拥有50年历史的蚵仔煎老店。安平地区盛产又大又鲜的蚵仔,这家店配以独门酱料的古堡蚵仔煎以其原始风味吸引了众多食客老饕,是来到台南绝对不可错过的地道台湾小吃。

Tips
- 台南市安平区效忠街85号　☎ 06-2285358
- 11:00—19:00　乘坐台南2路公车在安平树屋站下车步行5分钟即达

台湾
攻略HOW

Part.24 高雄

　　高雄市毗邻台湾海峡，是台湾第二大都市，素有"港都"之称。风景秀美的高雄拥有众多观光景点，西子湾风景区以其秀丽的风景被誉为"台湾西湖"。

高雄 特别看点!

第1名!
垦丁公园!

100分!
★ 台湾最好的海滨风景区之一,画一般的迷人风光!

第2名!
西子湾风景区!

90分!
★ 高雄的标志性景点,台湾西湖!

第3名!
高雄85大楼!

75分!
★ 高雄最高的建筑,一览城市风光!

好玩 PLAY

01 高雄愿景馆
有日本明治时期风格的建筑

Tips
- 高雄市三民区建国二路318号(原高雄火车站)
- 07-2359751　免费　14:00—20:00　捷运高雄站下车步行约150米即达

高雄愿景馆是由高雄老火车站改造迁移而来的,是一栋具有日本明治时期风格的建筑。馆内分为六大区域,风景明信片区不但提供高雄地区旅游休闲景点的资料,还能将来客的祝福话语在大屏幕上显示出来。多功能历史回廊区用现代的影音手段介绍了高雄地区的历史及发展状况,都市计划展示区是展现高雄在当代的诸多变化,以及未来的远景规划。此外,游客在3D虚拟互动区则可以足不出户就能欣赏光之塔、高雄港、爱河等著名景点的风光。

02 高雄市历史博物馆
高雄历史文化的缩影 ★★★★

高雄市历史博物馆原为市办公大楼，因为展出空间有限，所以这里展出主题便以呈现南部地区发展轨迹、先民生活史为主，约半年就会更换一次展题，每次的展出主题及文物都是经过精心挑选的，因而吸引了众多热爱历史文化的人士前来参观。这座展馆的外形酷似汉字"高"，整体建筑雄伟恢弘，细处又有许多精美的雕饰。

Tips
- 高雄市盐埕区中正四路272号 07-5312560
- 免费 9:00—17:00 自高雄火车站搭乘高雄市公车0南、0北、2、11、14、56、60、88、248路等，于历史博物馆或盐埕圆环站下车即达

04 三凤宫
高雄香火最旺盛的寺庙 ★★★★

三凤宫是祭祀哪吒三太子的地方，也是高雄地区信徒最多、香火最为旺盛的庙宇。三凤宫的整体建筑规模宏伟，黑色的大门上刻绘造型生动、笔法细腻的门神。庙内廊檐的斗拱梁楹均为彩绘，具有现代风格。正殿中供奉的是一座历史悠久、栩栩如生的哪吒木像，此像一反神像通常采用的庄严肃穆表情，将孩童的聪慧灵敏巧妙地展现出来。楼上的凌霄宝殿供奉的是玉皇大帝，后面的大雄宝殿是供奉释迦牟尼的地方。

Tips
- 高雄市三民区河北二路134号 07-2871851
- 免费 5:00—23:00 自高雄火车站搭乘高雄市0西、0北、0左、28、33等路公交车，于三民市场站下；或搭乘88路于三民区公所下车即达

03 玫瑰圣母院
台湾地区第一座天主教堂 ★★★★

玫瑰圣母院又被称为前金天主堂，建于清咸丰年间（1851-1861），是台湾第一座天主教堂，混合了哥特式与罗马式风格的尖塔建筑，被认为是台湾最富有艺术美感的教堂。教堂的门楣上有咸丰年间的石碑，以黑、灰、蓝为主调的教堂主题建筑中排列着彩色玻璃圆拱窗，鲜明耀眼的色调，为圣堂增添了瑰丽庄严之感，教堂天花板上的圆拱形装饰线条，层层分明，极富几何图案之美。

Tips
- 高雄市前金区五福三路151号 07-2823860
- 免费 周一至周六9:00—17:00 高雄火车站.搭乘市公车0南、2、11、33、50路至高雄女中下车即达

05 驳二艺术特区
艺术家们尽情展示才华的地方 ★★★★

驳二艺术特区是高雄著名的艺术文化特区，这里汇聚了各种艺术创作表演及其作品。艺术家们在此尽情展示才华，各种不受传统约束的艺术作品源源不断地创作出来。驳二艺术特区的部分外墙成为街头艺术爱好者进行涂鸦艺术创作的地方，这里还经常举办各种独具个性的艺术展、画展、雕塑展和音乐会。

Tips
- 高雄市盐埕区大勇路1号 07-5214899 免费 周二至周日11:30—20:00 可搭乘市公交2、88、248路，于大勇路口下车即达

06 高雄市电影图书馆
● ● ● 电影爱好者寻梦的地方 ★★★★

高雄电影图书馆既是高雄地区电影产业的记录者，又是电影爱好者们寻梦的地方。户外影院位于爱河河畔，在这里可以感受到电影世界与大自然的和谐之美。馆内的高雄老剧院展览可以让人看到高雄地区电影产业的蓬勃发展，"电影中的高雄"则让游客从不同角度审视高雄这座美丽的城市。"南方电影人"介绍的是高雄电影人的杰出代表，是这里的骄傲。图书馆内还拥有大量电影拷贝，包括一些市面上罕见的影片，可供电影爱好者选择观看。

> **Tips**
> 🏠 高雄市盐埕区河西路10号　☎ 07-5511211
> 💰 免费　🕐 13:30—21:30，周一休息　🚌 乘坐0北、0南、11、14、25、33路公交车在华王大饭店和大成街交叉口下车后，沿河西路向北步行即达

08 陈中和纪念馆
● ● ● 高雄第一座西洋建筑 ★★★★

陈中和纪念馆是由原南台湾地区首富陈家在民国初年修建的住宅，现在作为展览馆使用。这座纪念馆占地广阔，也是日据时期高雄地区的第一座洋楼，建筑形式基本上是欧洲文艺复兴式风格，尤其是柱式及拱圈的用法，极具古罗马的艺术美感。内部装潢仍为闽南传统格局融合中国传统建筑的色彩，如室内空间为对称处理，有大堂及卧室等。馆内藏有陈中和及其家人使用过的器具，还有许多精美石刻、木雕等艺术品可供参观。

> **Tips**
> 🏠 高雄市美浓镇广林里朝元路95号
> ☎ 07-6814080　💰 免费　🕐 9:00—17:00　🚌 自高雄火车站前搭往美浓的高雄客运，或屏东火车站旁搭往美浓的屏东客运，于美浓下车即达

07 寿山公园
● ● ● 高雄市的天然地标 ★★★★

寿山公园是高雄市的天然地标，以秀美的山林景色和众多的人文景点著称，有万寿山公园、忠烈祠、动物园、千光寺、法兴寺、元亨寺等诸多观光点。公园内的石灰岩洞区拥有石笋、石柱等钟乳石结晶，可以看到奇妙的地质景观。站在寿山山顶可以俯瞰高雄的市区风光与西子湾的海景。公园内还有大量野生动物出没，游客经常可以看到猕猴成群结队地在林木间穿梭游戏。

> **Tips**
> 🏠 高雄市鼓山区万寿路350号　☎ 07-5215187、5511443　💰 20元新台币　🕐 8:00—17:00　🚌 搭乘1、2、60、88路高雄市公车至盐埕圆环，转搭219路至元亨寺；假日于火车站前可搭乘56路直达

09 生日公园
● ● ● 庆祝生日的主题公园 ★★★★

生日公园是台湾一座以民众生日为核心的主题公园，也是一座融合了数码、资料、生态、水流、休闲而成的多功能公园。公园内的"生命之屋"是一座蛋形建筑，可以购买独特的生日蛋糕以及查询各种与自己生日相关的资料。"亲子欢乐屋"是在户外庆祝生日的地方，这里的艺文廊道展出有各种文艺作品，而儿童游戏区、园内的复层植栽、阳光草原则是供民众休闲游憩的地方。

> **Tips**
> 🏠 高雄市四维三路178号　☎ 07-5361935　💰 免费
> 🕐 全天　🚌 乘坐26路公交车在四维路苓雅中学站下车步行5分钟即达

10 爱河
高雄市的生命之河 ★★★★

爱河被称为高雄市的生命之河，也是高雄著名的旅游区。爱河的上游是农田的灌溉渠道，在那里可以感受田园乡村的淳朴风情。位于爱河下游河岸的河滨公园既是市区内散步休憩的好去处，也是步行游览高雄风光的首选。入夜以后，水面点点霓虹彩光，把城市点缀得更加华丽漂亮，高雄的元宵节灯会和端午节的划龙舟比赛也都是在爱河上举行的。

Tips
- 高雄县鸟松乡覆鼎金与半屏山之间
- 07-2811513
- 免费
- 全天
- 搭乘1、2、60、88路公车于盐埕圆环站下车即达

11 西子湾风景区 90分!
高雄著名的海滨风景区 ★★★★

西子湾风景区是高雄著名的海滨风景区，区内自然风景优美，又有着众多的人文古迹。台湾地区唯一一所海滨大学——中山大学也位于此，给西子湾风景区增添了浓厚的文化氛围。漫步在长长的防波堤上，可以看到层层叠叠的海浪，拍打着细软的沙滩，高大挺拔的椰树正在迎风摇曳，充满了南洋风情。西子湾的海滨浴场则是让人休闲放松的好地方，附近还有史迹文物陈列馆、雄镇北门等景点供游客探访。

Tips
- 高雄市鼓山区莲海路51号
- 07-5256271
- 10元新台币
- 4至10月9:00—17:30
- 搭乘高雄市1路公车，于中山大学下车即达，或者搭乘2、60、88路至盐埕圆环，换乘99路于西子湾下车

12 台湾科学工艺博物馆
台湾地区最大的综合型科技馆 ★★★★

高雄的科学工艺博物馆是台湾地区最大的综合型科技馆，拥有18个展示馆。科技馆内既有介绍科学技术发展历史的展馆，也有普及科学常识的展厅，还有许多通过动手操作进行的结合科技知识与寓教于乐的科技教育活动。这些互动性极强的参与性项目，让人在娱乐中掌握科学知识。立体电影院、多媒体剧场则通过最前沿的各种声光影音技术让游客了解科学的奥秘。

Tips
高雄市三民区九如一路720号　07-3800089
100元新台币　9:00—17:00　周一（遇假日顺延）、除夕、农历大年初一休息　在高雄火车站前站，转搭市57、60路公车或科技艺术专车，于科学工艺博物馆站下车即达，或者在高雄火车站后站，转搭市73路公车，于科学工艺博物馆站下车

13 旗津风景区
高雄市郊的旅游胜地 ★★★

旗津风景区本是旗山海畔的一个沙洲，是高雄市最早的海港，同时也是以海鲜、渡轮和历史人文古迹吸引游客的旅游胜地。旗津地区景点众多，有气势恢弘的旗津天后宫。高字塔是著名的人文艺术景区，来到旗津海岸公园可以欣赏到大自然优美的风景。旗津贝壳馆内藏有大量的珍稀贝壳，来到这里不但能与各种有趣的贝壳做近距离接触，还能了解各种科学知识。除了这些景点外，游客还可以到海产街品尝美味的料理。

Tips
高雄市旗津区旗津三路990号　07-5712770
船票往返一般全票150元新台币，一般优待票100元新台币（优待票资格：2岁以下儿童或65岁以上老人）　全天　自高雄火车站，搭乘1、248路公车，于鼓山轮渡站改搭渡轮至旗津即达；或者搭乘2、36路公车于前镇站下，换乘35路公车，取道过港隧道，于旗津站下

14 高雄85大楼
高雄的地标式建筑 75分! ★★★★

高雄85大楼是高雄的地标建筑，位于75层的开放式观景台，是这座大楼中最具魅力的景点。游客可以通过高速电梯极速攀升至75层，让人感到刺激异常。74层的观景楼层可以360°环视高雄港景及市区风光。最佳的观景是在黄昏时刻。到了夜间，灯火辉煌的高雄夜空更是流光溢彩，宛若点点繁星。

Tips
高雄市自强三路1号74楼　07-5668000
100元新台币　8:00—12:00　乘坐78、83、100、8039路公交车在八五大楼站下车即达

15 城市光廊
以光为主题的旅游步行街 ★★★★

城市光廊是一条以光为主题的旅游步行街，设计有广场、路径、绿色、水景等诸多观光点。漫步在街道上，悠扬动听的音乐缓缓流动，与周围璀璨的灯光相得益彰，令人沉醉其间。城市光廊上的公交车站、电话亭、自动贩卖机、垃圾桶、公告栏、路灯等公共物品都经过艺术家的巧妙装饰而变得焕然一新，散发出独特的光芒。这些灯光相互交错，投射映照，让这一城市光廊更富有艺术气息。

> 🏠 台湾高雄市前金区中华三路6号，是中华四路、中山路、五福三路交叉口 ☎ 07-3429963 💰 免费
> 🕐 全天 🚌 乘坐33路公交车在中央公园站下车即达

16 莲池潭
莲花众多的旅游胜地 ★★★★

莲池潭湖中莲花众多，每到炎夏之时，荷花盛开、清香四溢。莲池潭附近是著名的宗教旅游区，遍布着多座寺庙。这里的高雄孔庙在风格上仿造曲阜孔庙，又兼有夏商周三代的文化特色，也是台湾地区最大的孔庙。而春秋阁是这里的地标建筑，是纪念武圣关羽的地方。龙虎塔是一对各有特色的阁楼，而北极玄天上帝庙内的神像则是台湾地区最大的水上神像。另外还有启明堂、五里亭和清水宫等庙宇，都是值得一看的旅游景点。

> 🏠 高雄市左营区翠华路1435号 ☎ 07-5883242
> 💰 50元新台币 🕐 8:00—17:00 🚌 搭乘5、18路市公车，于左营农会站下车即达

17 高雄港
台湾最大的国际贸易港 ★★★★

高雄港是台湾最大的海港，也是高雄最著名的风景旅游区。游客们在这里除了可以观赏高雄港的水都风情，遥望无边无际的大海，也能看到船舶往来如梭。第二港口有两座酷似汉字"高"字的信号台，是高雄港的一大特色，第三港口的观海台可以纵览高雄港的风光。高雄港的观光游览船也是这里最受欢迎的旅游项目，它是以逆时针方向游览港湾，船上还有风趣的解说。

> 🏠 高雄市 ☎ 07-2354999 💰 免费 🕐 全天。每逢周末、法定假日及前一天，皆没有夜间游船 🚌 搭乘248路市公车可抵鼓山渡轮站即达；或者搭乘2、88、248于新乐街口、大勇路口、公园路口站下，步行约10分钟到10号码头

18 打狗英国领事馆

●●● 感受古老建筑的特殊魅力　★★★★

历史悠久的打狗英国领事馆是台湾现存最早的西方近代建筑，现在被辟为高雄史迹博物馆。打狗英国领事馆融合了东西方的建筑风格，这里红砖的外观、竹节落水管有清朝末年的建筑特色，巧妙地与巴洛克式的主建筑融为一体，馆内的花栏、石雕和圆拱等物品都是经过精心雕刻而成，体现了这里的与众不同。在这座博物馆里不但可以了解到高雄地区的发展历史，还能感受到古老建筑的特殊魅力。

19 旗后灯塔

●●● 以光为主题的旅游步行街　★★★★

旗后灯塔历史悠久，本是英国人所建，日据时期又被重新修建过。新的灯塔仍在原址上，自旗津市区循登山道可达，塔前有一座西洋式白墙办公室，草坪上尚存一座日晷仪。灯塔塔身由原来的方形改为八角形，顶部又变成了圆柱形，那里还修建了阳台可供远眺。灯室外面装玻璃，圆顶上有风向仪，风向仪上书写有汉字，这种建筑设计是极为少见的。

Tips
- 高雄市旗津区旗下巷34号　07-5715021
- 免费　9:00—16:00　自高雄火车站，搭乘1路公车，于鼓山轮渡站改搭渡轮至旗津即达；或者于前镇区搭乘35路公车，取道过港隧道，于旗津站下

Tips
- 高雄市鼓山区莲海路20号　07-5250271
- 30元新台币　9:00—21:00，每月第三个周一定为古迹维护馆休日　搭乘14号公车到盐埕公车总站，转乘99路公车，均可到达中山大学大门口，下车即达

20 澄清湖

●●● 高雄第一大湖　★★★★

澄清湖是高雄的第一大湖，这里风景优美，有着"台湾西湖"的美誉，是台湾南部著名的景观地区之一。这里的九曲桥在水面上回弯九折，被称为曲桥钩月，是澄清湖八景之一，该桥和鹊桥、吊桥并称为澄清湖三桥。景区内的自由亭、更上台、丰源阁、百花冈、富国岛和千树林被称为澄清湖六胜，是观赏澄清湖自然风光的最佳地点。中兴塔是澄清湖的制高点，在塔顶可以看到碧波荡漾的水面和远处芳草如茵的高尔夫球场。

Tips
- 高雄县鸟松乡鸟松村大埤路32号　07-7325741，3800821　100元新台币　6:30—17:30　搭乘高雄市17、60、70路公车或高雄客运（往凤石县），在澄清湖站下车即达

21 高雄孔庙
规模宏伟的孔庙 ★★★★

> **Tips**
> 🏠 台湾高雄市左营区莲潭路400号　☎ 07-5859999　¥ 免费　🕐 8:30—17:20　🚌 自高雄火车站搭乘往莲池潭方向的市公车，于莲池潭风景区下车即达

高雄孔庙是仿造曲阜孔庙而建的，整体造型雄伟肃穆，细处又不失精美，其建筑布局、用料、工艺均堪称台湾地区一绝。孔庙内的建筑大气精美，雕梁画栋的风格又极具宋代特色。孔庙广场上有一座拱桥，桥旁的浮雕上刻绘着儒家先师孔子的故事。这些浮雕工艺精美，生动地再现了这位伟人的不朽事迹。高雄孔庙会在每年的9月28日举行祭孔典礼，既具中华传统文化精神又具有台湾地区特色。

22 垦丁公园
台湾最著名的度假海滩　100分！★★★★

> **Tips**
> 🏠 屏东县恒春镇垦丁路596号　☎ 08-8861321　¥ 150元新台币　🕐 8:30—17:00　🚌 乘坐西部纵贯线铁路在高雄站换乘客运巴士即达

垦丁公园是台湾地区著名的观光旅游胜地，这里不仅有着令人赞叹的自然风光，还有许多各具特色的游乐设施。因当地气候温暖，公园内多姿多彩的热带植物遍布各处，而各种飞禽走兽更视这里为乐园。湛蓝的大海内又有着形态各异的珊瑚礁，其中一块高达18米的船帆状珊瑚石是公园的地标之一。关山是纵览垦丁风光的好地方，山顶还有一座以珊瑚礁石为原料建造的庙宇。

23 旗山老街
古意盎然的街道 ★★★★

> **Tips**
> 🏠 复兴街、中山路、华中街一带　☎ 07-6616100　¥ 免费　🕐 依各店铺而异　🚌 于高雄火车站前搭乘高雄客运；于台南火车站前搭乘台南、高雄、屏东客运往旗山即达

旗山老街是昔日台湾地区的制糖重镇，现在则是台湾地区著名的香蕉产地，因此这里汇聚了不同时代的建筑，历史的轨迹就反映在这风格各异的房屋上。火车站是一栋日据时期的维多利亚式建筑，结构优美，是旗山老街最具代表性的建筑。漫步在这条古老的街道上，犹如走入了一座露天建筑博物馆，两侧延伸而去的古朴典雅的巴洛克式楼房，让人感到壮观异常，其中尤以旗山镇农会最为华丽。

好买 BUY

01 三凤中街
●●● 高雄最繁荣的市场　★★★★

高雄市的三凤中街自古就是高雄著名的市场，长约400米，沿街两侧林立着各式经营干货、食品和中药的商店，人来人往、络绎不绝。每日清早就开始营业的三凤中街毗邻车站，众多商铺经营的商品种类繁多且价格便宜，经常可以看到附近主妇的身影。

> **Tips**
> 🏠 高雄市三民区三凤中街　🕐 全天开放　🚌 乘坐93路公交车在三凤中街站下车即达

02 堀江商店街
●●● 高雄旧日最大的商店街　★★★★

位于高雄市七贤三路和五福四路交会处的堀江商店街，旧时曾是高雄市内最大的商店街，现今虽然不复旧日繁华，但沿街仍然有众多专门经营各式进口商品的店铺，漫步其间不禁会有一种旧时光重现的感触。

> **Tips**
> 🏠 高雄市盐埕区五福四路　🕐 全天开放　🚌 乘坐24、33、8001、8015路公交车在五福四路站下车即达

03 原宿玉竹商圈
吸引年轻人的商圈 ★★★★

毗邻新堀江商圈的原宿玉竹商圈以其独特的低消费文化吸引了大量学生和年轻人，沿街众多商铺中都可以看到大量充满异国风情的商品，不论服装、做工精致的吊饰挂坠等配饰，还是各式工艺品，都可以在这里寻觅得到，其中充满日韩休闲风格的服饰更是年轻人特别是学生的最爱。

> **Tips**
> 🏠 高雄市新兴区玉竹一街、二街，五福二路与中山路口之间 ☎ 07-2111000 🕐 依各店铺而异 🚌 乘坐12、15、24、52、69、72、92、100、218、8015、8017、8043路公交车在中央公园站下车即达

04 汉神百货
奢华的购物环境 ★★★★

位于汉来新世界中心的汉神百货公司毗邻著名的汉来五星级酒店，整座建筑高180米，包括地上45层及地下7层。汉神百货公司位于地下3层至地上7层部分，商场内典雅的装饰与一层挑高的大厅全都充满奢华的感觉，购物空间舒适，令顾客在购物之余享受高品质的贴心服务。

> **Tips**
> 🏠 高雄市前金区成功一路266-1号 ☎ 07-2157266 🕐 11:00—22:00 🚌 在高雄市火车站前广场的高雄市公车总站搭乘2、100路公车，可直达神汉百货

05 大立伊势丹百货公司
大统与伊势丹合资的百货商场 ★★★★

> **Tips**
> 🏠 高雄市前金区五福三路59号 ☎ 07-2613060 🕐 10:00—22:00 🚌 乘坐24、25、33、76、7710、8001、8015、8017、8043路公交车在大立伊势丹站下车即达

高13层的大立伊势丹百货公司是1991年大统集团与日本伊势丹百货集团合资成立的百货商场，商场内购物空间宽敞明亮，地下1层至地上11层经营美食、服饰、生活用品和各色时尚精品，其中不乏国际知名品牌。商场最顶层的空中游乐园则深受小朋友的欢迎，各种娱乐项目使其成为购物之余的休闲去处。

台湾攻略 · 高雄

06 梦时代

东南亚最大的购物中心 ★★★★

位于高雄市前镇区的梦时代Dream Mall除了各式商店入驻外，在7～9层的日本特区内还设有竹下通、大创百货、日式美食街和北海道冰雪乐园等娱乐休闲设施，是全台湾面积最大的国际购物中心，同时也是东南亚最大的购物中心。作为梦时代的标志，位于购物中心顶楼的巨型摩天轮——Hello Kitty摩天轮颇为引人注目。高102.5米的摩天轮遍布无数霓虹灯管，夜晚的景象更加华丽璀璨。

Tips
- 高雄市前镇区中华五路789号
- 07-9733888
- 10:00—22:00
- 自高雄车站搭乘14、36、214路或中华干线于统一阪急(梦时代)站下车即达

07 六合夜市

高雄最著名的观光夜市 ★★★★

毗邻高雄火车站的六合夜市是高雄最著名的观光夜市，白天车水马龙，夜幕降临后就变成灯火交织、人流熙攘的夜市。在六合夜市中随处可以看到各种地道的台湾本地美食，其中不乏知名的招牌美味，不论小吃、冷饮、冰品还是海产品都应有尽有。此外，众多娱乐休闲项目和经营服装饰品、日用杂货的摊位也是琳琅满目，平实的价格吸引了许多人光顾。

Tips
- 中山一路至自立二路之间
- 18:00—次日凌晨2:00实施交通管制，禁止车辆进入
- 搭乘1、2、12、100路等市公车于大圆环站下

好吃 EAT

01 新百龄排骨大王
深受平民喜爱的面食

位于高雄市荣安街的新百龄排骨大王深受当地人喜爱，虽然隐匿在小巷深处，但每到用餐时间却经常客满。价格实惠的排骨面更是这家店的招牌菜，吸引了众多食客，其余物美价廉的菜肴也是地道的平民风味。

Tips
- 高雄市荣安街51号
- 07-2016511
- 10:00—20:00
- 在高雄车站搭乘83路巴士自强路口站下车后步行1分钟即达

02 自强路夜市
美食摊档林立的夜市

高雄85大楼附近的自强路夜市颇受当地人青睐，各式摊档沿街林立的自强路夜市除了丰富的台湾美食外，还有大量经营当地独有水果甜品的小店。在品尝了夜市上众多美食之后，喝上一杯这里的鲜榨果汁，真是十分惬意。

Tips
- 高雄市自强路
- 18:00—24:00
- 在高雄车站搭乘2路和100路巴士，在成功小学站下车后步行5分钟即达

03 高雄牛乳大王
木瓜牛奶的始祖

位于高雄市中华三路的高雄牛乳大王是台湾颇具代表性的知名甜品——木瓜牛奶的始祖，这里的木瓜牛奶用料虽然简单，其清甜的味道却是风靡全台湾，成了一道远近闻名的甜品。逛街之余喝上一杯这里的木瓜牛奶，不仅非常解渴，更是给人一种惬意的享受。

Tips
- 高雄市中华三路65-5号
- 07-2823636
- 全天营业
- 在高雄车站搭乘100、301路巴士或机场干线巴士中央公园站下车后步行5分钟即达

04 光华夜市
汇集台湾南北小吃的夜市 ★★★★

位于高雄市光华二路的光华夜市以小吃为主，各种地道的台湾小吃摊位沿街林立，在光华夜市中经常可以看到高雄人来此四处寻找中意的美味。除了地道的台湾风味小吃外，猪心冬粉、广东粥、馄饨、水饺和面线等也都是颇受当地人欢迎的美味。

Tips
- 高雄市前镇区光华二路　07-3368333
- 11:00—1:00　高雄火车站前搭72、100号市公车光华路下车即达

05 米糕城
延续60年的老字号 ★★★★

位于高雄市盐埕区的米糕城至今已有60年的历史，是高雄颇为知名的一家老字号小吃店。食客在米糕城除了可以品尝到香气十足的米糕外，店内自制的鱼松、肉脯、泡菜小黄瓜等不起眼的小菜也颇为可口，搭配上一碗米糕更是美味无穷。

Tips
- 高雄市盐埕区大仁路107号　07-5333168
- 9:00—23:00　搭乘高雄捷运桔线，于高雄盐埕埔站下车，步行约240米即达

06 阿婆仔冰
台湾南部历史最悠久的冰果店 ★★★★

位于高雄市盐埕区的阿婆仔冰是整个台湾南部历史最悠久的冰果店之一，自开业至今已有80余年，已经传至第三代。阿婆仔冰最受欢迎的就是采用西瓜、芒果、凤梨、奇异果、哈密瓜等时令水果搭配腌制的芒果青，然后再淋上现打的新鲜火龙果汁制成的招牌阿婆冰，清爽宜人的口感吸引了众多回头客。

Tips
- 高雄市七贤三路150号　07-5513180
- 9:00—次日0:30　在高雄车站搭乘248路巴士在国际商场站下车后步行1分钟即达

07 佳香味胡椒饼
旗津的地道小吃

> **Tips**
> 🏠 高雄市旗津区庙前路117号　📞 0918-363556
> 🕐 11:00—20:00　🚌 自高雄火车站搭乘1、248路公车，于鼓山轮渡站改搭渡轮至旗津即达，或者搭乘2、36路公车于前镇站下，转搭35路公车，取道过港隧道，于旗津站下

佳香味胡椒饼是旗津当地的特色小吃，酥脆的饼皮，香味四溢的饼中夹上冒着热气的肉片，一口咬下可感受到美味的汤汁，毫不油腻的口感令人意犹未尽。现今店中还推出了全新口感的炭烧红豆饼，同样以一流的口感吸引了大量食客的关注。

08 刘家小馆
老字号的川味菜馆

> **Tips**
> 🏠 高雄市富民路191号　📞 07-5586085
> 🕐 11:00—14:00，17:00—21:00　🚌 乘坐38、245路公车在富民路站下车步行5分钟即达

高雄市富民路的刘家小馆已有近40年历史，最初位于民生路，如今迁到富民路，就餐空间更加宽敞，全新的装修更是带给食客一种古典优雅的氛围。刘家小馆除了招牌菜酸菜白肉锅、海鲜豆腐煲和招牌水饺外，曾经一度失传的客家老菜"走马桂花鸭"也在这儿重现身影。这道菜软嫩香甜，温润滑口而不油腻。值得一提的是，这里独有的"刘家三宝"配料则是佐餐佳品，任何平淡菜品加上刘家三宝后都会变成味美可口的佳肴，不知吸引了多少回头客。

09 哈玛星黑旗鱼丸大王
充满独特味道的平民美食

哈玛星黑旗鱼丸大王是一家已有近50年历史的老店，现今已经传至第三代，在哈玛星一带更是无人不知。哈玛星黑旗鱼丸大王所用食材都是每天从东港直接运来，加上特别的调制配方和精选的上等黑旗鱼中段背肉制成的鱼丸，味道独特，吸引了大量食客老饕。此外，哈玛星黑旗鱼丸大王内还提供肉臊饭、鸡肉丝饭、猪脚饭、卤蛋、油豆腐等地道的台式小吃，全都是物美价廉的美味，不可错过。

> **Tips**
> 🏠 高雄市鼓波街27-7号　📞 07-5210948
> 🕐 11:00—19:30　🚌 在高雄车站搭乘248路巴士鼓山轮渡站下车后步行5分钟即达

索引 INDEX

台湾攻略

435文艺特区	···095

A
AoBa	···153
阿华热炒店	···033
阿里山步道	···185
阿里山风景区	···184
阿里山森林铁路	···185
阿里山森林游乐区	···185
阿婆仔冰	···226
阿水狮猪脚大王	···169
阿霞饭店	···208
爱国东路婚纱街	···044
爱河	···217
安和路	···123
安平古堡	···202
安平开台天后宫	···202

B
八通关古道	···175
八仙海岸	···085
宝觉寺	···163
保安宫	···062
北回归线天文广场	···187
北门	···112
北投温泉	···079
北投温泉博物馆	···079
碧湖公园	···140
碧山岩	···140
碧潭风景区	···030
驳二艺术特区	···215
博爱路相机街	···114

C
曾文水库	···190
长荣海事博物馆	···046
长荣女子高级中学	···203
茶街	···121
陈家蚵卷	···210
陈中和纪念馆	···216
成都杨桃冰	···108
诚品116	···106
诚品书店	···122
城市光廊	···219
澄清湖	···220
赤崁棺材板	···208
赤崁楼	···196
重庆南路书店街	···115
慈恩塔	···173
慈惠宫	···095
慈生宫	···077
慈云寺	···185

D
打狗英国领事馆	···220
大安森林公园	···150
大关义学	···096
大湖水景公园	···139
大甲镇澜宫	···165
大立伊势丹百货公司	···223
大叶高岛屋百货公司	···072
淡江大学	···090
淡江中学	···089
淡水红树林自然保护区	···077
淡水老街	···091
淡水长老教会	···088

迪化街	…055	高雄牛乳大王	…225
电影主题公园	…103	高雄市电影图书馆	…216
鼎泰丰	…041	高雄市历史博物馆	…215
度小月担仔面	…209	高雄愿景馆	…214

E
		公馆夜市	…040
儿童交通博物馆	…037	古堡蚵仔煎	…211
儿童游乐中心	…061	古月民俗馆	…178
		关渡大桥	…084

F
		关渡宫	…085
		关渡码头蓝色公路	…082
芬园宝藏寺	…178	关渡自然公园	…083
奋起湖风景区	…186	观音山	…083
丰山风景区	…186	光点台北	…052
逢甲商圈	…166	光华夜市	…226
佛光缘美术馆	…132	广州街夜市	…107
福记肉圆	…210		

G

H
		哈玛星黑旗鱼丸大王	…227
高山植物园博物馆	…186	海边阿咩铁蛋本铺	…091
高雄85大楼	…218	涵碧楼步道	…173
高雄港	…219	汉神百货	…223
高雄孔庙	…221	行天宫	…145

合作金库银行	…104	集集神木	…175
河堤公园	…089	集集铁路文物博览馆	…174
黑桥牌香肠礼盒	…207	济南教会	…048
红楼	…090	佳香味胡椒饼	…227
红楼剧场	…104	嘉义城隍庙	…187
红毛城古迹保存区	…089	嘉义公园	…188
洪雅书房	…191	嘉义九华山地藏庵	…188
胡适公园	…133	嘉义农场	…190
虎山自然步道	…133	嘉义市交趾陶馆	…188
沪尾炮台	…089	嘉义市史迹资料馆	…187
华山创意文化园区	…119	建国南路周末市场	…151
华西街观光夜市	…107	建国市场	…167
环球购物中心	…105	剑南路蝴蝶生态步道	…139
环亚购物中心	…146	剑潭古寺	…139
黄石市场	…097	接云寺	…095
J		金石堂书店	…039
		京鼎楼	…056
集集车站	…176	京华城购物广场	…120
集集古街	…181	精明一街	…167

景美夜市	…033	**M**	
九族文化村	…174	猫空茶园	…158
久大特产行	…206	猫空缆车	…156
旧台南放送局	…201	玫瑰圣母院	…215
K		美丽华百乐园	…141
垦丁公园	…221	美丽华百乐园摩天轮	…141
堀江商店街	…222	艋舺公园	…101
L		艋舺清水岩	…102
拉鲁岛	…174	梦时代	…224
老牌鳝鱼面	…210	米粉汤	…033
老杨方块酥	…193	米糕城	…226
乐华夜市	…039	民国路面食街	…192
犁记饼店	…123	民雄鹅肉太郎本店	…192
历史博物馆	…045	明新书院	…175
莉莉水果店	…210	明星咖啡馆	…049
莲池潭	…219	木栅指南宫	…157
辽宁街夜市	…147	**N**	
林安泰古厝	…063	NOVA计算机卖场	…114
林聪明家砂锅鱼头	…193	南北管音乐戏曲馆	…177
林东芳牛肉面	…147	南港软件园区商店街	…134
林家花园	…094	南港展览馆	…133
林田桶店	…054	南门市场	…049
林语堂故居	…070	南雅夜市	…097
临济护国寺	…062	内洞森林游览区	…032
临江街夜市	…152	宁夏路夜市	…057
刘家小馆	…227	纽约&纽约展览购物中心	…129
琉园水晶博物馆	…083	**P**	
六合夜市	…224	喷水鸡肉饭	…192
六条通	…056	**Q**	
龙都冰果专业家	…108	旗后灯塔	…220
龙山寺	…100	旗津风景区	…218
鹿耳门天后宫	…200	旗山老街	…221
鹿港古街市	…181	青山宫	…102
鹿港龙山寺	…179	清水镇	…165
鹿港民俗文物馆	…178	全台首学书房	…206
鹿港天后宫	…179	**R**	
鹿港小镇	…178	饶河街观光夜市	…135
鹿港新祖宫	…179	仁爱乡雾社	…176
禄记包子	…208		
绿川	…164		

日月潭	⋯172

S

三凤宫	⋯215
三凤中街	⋯222
三四味屋	⋯123
珊瑚潭	⋯204
上海新乐园	⋯168
深坑老街	⋯159
生日公园	⋯216
师大路夜市	⋯039
十三行博物馆	⋯085
士林夜市	⋯073
世界宗教博物馆	⋯036
市长官邸艺文沙龙	⋯118
寿山公园	⋯216
树火纪念纸博物馆	⋯119
顺益"原住民"博物馆	⋯071
司法大厦	⋯047
松柏岭	⋯180

T

台北故宫博物院	⋯069
台北101大楼及观景台	⋯127
台北101购物中心	⋯128
台北宾馆	⋯047
台北当代艺术馆	⋯053
台北故事馆	⋯061
台北孔庙	⋯061
台北清真寺	⋯151
台北市动物园	⋯158
台北市美术馆	⋯060
台北市天文科学教育馆	⋯068
台北探索馆	⋯127
台北小巨蛋体育馆	⋯144
台北信义威秀影城	⋯127
台北艺术大学	⋯084
台北中山纪念馆	⋯126
台大医院	⋯048
台南蔡虱目鱼	⋯211
台南测候所	⋯199
台南车站	⋯200
台南大天后宫	⋯199
台南大远百娱乐城	⋯204
台南地方法院	⋯198
台南公园	⋯199
台南开元寺	⋯201
台南孔庙	⋯197
台南流动夜市	⋯207
台南市消防局	⋯197
台南祀典武庙	⋯200
台南五妃庙	⋯203
台南延平郡王祠	⋯197
台湾博物馆	⋯048
台湾成功大学	⋯198
台湾大学	⋯037
台湾故事馆	⋯113
台湾开拓史料蜡像馆	⋯201
台湾科学工艺博物馆	⋯218
台湾科学教育馆	⋯070
台湾美术馆	⋯163
台湾师范大学	⋯037
台湾文学馆	⋯197
台湾香蕉新乐园	⋯168
台湾艺术大学	⋯096
台湾艺术教育馆	⋯045
台一牛奶大王	⋯041
台中"市政府"大楼	⋯163
台中车站	⋯162
台中公园	⋯164
台中孔庙	⋯164
太平洋SOGO百货	⋯121
太阳堂饼店	⋯167
汤德章纪念公园	⋯198
天后宫	⋯104

天母	…072	西子湾风景区	…217
统一元气馆	…115	霞海城隍庙	…053
土城圣母庙	…202	仙迹岩	…032

W

		小南米糕	…211
		欣叶餐厅	…057
顽皮世界野生动物园	…204	新百龄排骨大王	…225
万年商业大楼	…106	新店自行车道	…031
王功渔港	…180	新港奉天宫	…189
王记府城肉粽	…147	新光华商场	…120
微风广场	…121	新光三越台南新天地	…205
文化路夜市	…193	新光三越信义新天地	…129
文武庙	…174	信义商圈	…128
乌来瀑布	…031	袖珍博物馆	…146
乌来温泉	…031	玄光寺	…173
乌鱼子	…211	玄奘寺	…173
五分埔	…134	学海书院	…102
武昌宫	…175	雪霸公园	…165

X

西门町	…101

Y

YOYO故事屋	…145

鸭肉扁	…109	中华民俗村	…186
延平街	…205	中山北路名品街	…054
阳明山公园	…078	中山史迹纪念馆	…113
杨记玉米冰	…109	中山堂	…103
杨英风美术馆	…046	中山足球场	…063
叶小龙小卷米粉	…209	中友商圈	…166
一福堂	…169	中正大学	…189
一中丰仁冰	…169	中正路	…206
伊达邵	…173	忠孝敦化商圈	…122
亿载金城	…203	周氏虾卷礼盒	…207
艺都表演村	…189	祝山	…185
易牙居点心坊	…040	紫藤庐	…153
永康15	…041	自强路夜市	…225
永康街	…038		
永康街高记	…041		
永乐市场	…055		
邮政博物馆	…046		
原宿玉竹商圈	…223		
圆觉瀑布	…138		
圆山大饭店	…064		
缘道观音庙	…078		
远东百货公司	…105		
远企购物中心	…151		
云仙乐园	…032		

Z

"总统府"	…047
再发号肉粽	…209
张大千纪念馆	…069
彰化八卦山	…177
彰化虎山岩	…177
彰化孔庙	…176
彰化清水岩森林游览区	…180
彰化扇形车库	…177
彰化武德殿	…176
昭和町	…038
照明净寺	…076
真理大学	…090
真味珍香肠	…193
振发号茶庄	…206
芝山文化生态绿园	…071
植物园	…045
至善园	…070

考拉旅行书目，带您乐游全球！

○ 攻略系列！

更多图书
敬请期待……

○ 畅游系列！

更多图书
敬请期待……

图书在版编目（CIP）数据

台湾攻略 /《台湾攻略》编辑部编著. -- 北京：华夏出版社，2019．3
（全球攻略）
ISBN 978–7–5080–9626–1

Ⅰ．①台… Ⅱ．①台… Ⅲ．①旅游指南－台湾省 Ⅳ．① K928.958
中国版本图书馆 CIP 数据核字（2018）第 281238 号

台湾攻略

作　　者	《台湾攻略》编辑部
责任编辑	杨小英
责任印制	刘　洋
出版发行	华夏出版社
经　　销	新华书店
印　　装	北京市华宇信诺印刷有限公司
版　　次	2019年3月北京第1版 2019年3月北京第1次印刷
开　　本	720×920　1/16开
印　　张	15
字　　数	200千字
定　　价	58.00元

华夏出版社　网址：www.hxph.com.cn　地址：北京市东直门外香河园北里4号　邮编：100028
若发现本版图书有印装质量问题，请与我社营销中心联系调换。　电话：（010）64663331（转）

考拉旅行　乐游全球